Mon secret
minceur et santé

Du même auteur
aux Éditions J'ai lu

Je ne sais pas maigrir, *J'ai lu* 7246
Les hommes préfèrent les rondes, *J'ai lu* 8626
Les recettes Dukan, *J'ai lu* 8753

DR PIERRE
DUKAN

Mon secret
minceur et santé

J'AI LU

Bienêtre

Préambule

Comment le son d'avoine est entré dans ma vie

Le son d'avoine est entré dans ma vie par l'une des portes ouvrant un accès direct à mon cœur : ma fille Maya.

Adolescente, semblable à toutes les adolescentes d'aujourd'hui, elle se trouvait un peu trop ronde et réclamait épisodiquement le secours de son père nutritionniste. Elle voulait bien évidemment le régime miracle, celui qui allait tout résoudre, en quelques jours.

Un matin, je la trouvai en train de fouiller placards et réfrigérateur, à la recherche de quelque chose de gratifiant à se mettre sous la dent, et prête à faire un festin sachant qu'elle le regretterait ensuite. Elle me fit l'honneur de me demander de choisir pour elle.

« Et si je te préparais une crêpe ? » : un mot qui sonna juste dans la mémoire de l'adolescente. Qui n'a pas envie d'une crêpe ? Connaissez-vous beaucoup de personnes qui puissent tranquillement déclarer : « Je n'aime pas les crêpes » ? Ronde, dorée, à la fois croustillante et moelleuse, salée ou sucrée, la crêpe éveille forcément autant de désirs que de souvenirs gourmands – Chandeleur ou goûters d'enfance. Elle appartient à la catégorie des aliments-cadeau, des recettes-don. Il faut un peu de temps pour la préparer et cette préparation même peut devenir un moment ludique et privilégié. Faites le test, proposez à un enfant ou à un adulte qui vous est cher : « Tiens, si je te faisais une crêpe ? » Vous verrez aussitôt son regard briller et son visage s'éclairer d'un large sourire.

En cherchant de la farine, je tombai sur un paquet de son d'avoine que j'avais rapporté des États-Unis, séduit par l'allégation « Bon pour le cœur ».

En deux temps trois mouvements, voilà une poêle qui chauffe, trois gouttes d'huile et un coup de Sopalin pour ne laisser que ce qui empêche de coller.

Me laissant aller à l'inspiration du moment, je casse un œuf, j'ajoute une cuillère de fromage blanc maigre et je saisis, sous l'effet d'une impulsion secrète et intuitive, ce petit paquet de *Oat Bran* bien en évidence sur son étagère.

Et je mélange le tout.

Penchée sur mon épaule, ma fille ouvre une boîte d'édulcorant et ajoute un nuage de poudre blanche.

Nous battons le tout, et, en dernière minute, j'ajoute un peu de lait pour lier et quelques gouttes de vanille pour le plaisir.

Et hop ! Le tout passe sur la poêle chaude. Deux à trois minutes de chaque côté et voilà une crêpe bien dorée, bien large et un peu plus épaisse qu'une crêpe « classique ».

La belle assiette blanche des grands soirs accueille cette merveille, qui nous rappelle également les joies du blini ou du pancake. Maya savoure chaque bouchée, se ressert, n'en revient pas de prendre autant de plaisir en toute bonne conscience ! Et je dois bien avouer que je ne suis pas en reste et me régale de même.

La suite ?

Cette recette allait devenir l'un des piliers de ma méthode d'amaigrissement et l'un des trois éléments de son plan de stabilisation.

Peut-être est-ce justement le moment de revenir sur la façon dont j'ai élaboré et amélioré, au fil des ans, la méthode Dukan.

J'ai eu la chance d'avoir été le créateur du premier régime français à base de protéines alimentaires. C'était à l'époque où l'on croyait que faire maigrir était une fin en soi et que, le bon poids atteint, il suffisait d'un minimum de volonté pour le conserver !

J'étais jeune à l'époque et je participais à cette croyance naïve, fier de proposer un régime qui sortait du décompte classique des basses calories et permettait à mes patients de manger sans compter les soixante-douze aliments riches en protéines que je leur proposais.

Très vite, il fallut déchanter et ajouter en alternance les légumes.

Cette phase dite « de croisière » permet d'atteindre vite, sans fatigue et avec le moins possible de frustration, le poids que l'on s'est fixé.

Il fallut doublement déchanter, en constatant que le poids perdu, tiré par l'élasticité des mauvaises habitudes et l'appel d'aliments réconfortants, revenait rapidement.

Pour ne pas assister à l'anéantissement des efforts de mes patients, je mis alors en place un rempart de non-retour, une phase de consolidation pour éviter le rebond du poids. Mon expérience et l'observation des reprises précoces me conduisirent à fixer à cette période la durée de dix jours par kilo perdu.

C'était déjà infiniment mieux, les reprises de poids étaient moins fréquentes et plus tardives, mais pas encore assez rares à mon goût.

Je pris alors la décision qui donna à mon régime sa véritable dimension – un plan complet et durable : l'instauration d'une stabilisation définitive fondée sur trois mesures simples, fortes, efficaces, très peu frustrantes mais non négociables, dont le fameux jeudi protéiné.

Mon régime, sur son versant amaigrissant, c'est-à-dire au cours des deux premières phases (attaque puis croisière) s'est construit sur deux constituants majeurs : les chairs animales maigres – la viande et le poisson – et les chairs végétales pauvres en sucres et riches en fibres, ainsi que les légumes verts.

Ce régime tire sa légitimité et son efficacité des origines de l'alimentation humaine, fondatrice, du chasseur-cueilleur. Si la culture et le mode de vie d'un citadin du XXIe siècle sont pétris de numérique, son corps et sa physiologie sont restés très proches de ceux du premier homme. Et comme les conditions de naissance d'une espèce sont toujours en symbiose avec son environnement, j'ai bâti ce régime pour que ce rappel des origines rende la tâche du candidat au régime aussi peu frustrante que possible.

Devenu aujourd'hui une méthode globale, ce régime est, à ma connaissance, et si immodeste que cela puisse paraître, le régime d'amaigrissement le plus simple, le plus naturel, le plus rapide, le plus efficace et celui qui propose une perte de poids irréversible. En deux mots, celui que j'aurais prescrit à ma fille si elle avait réellement eu besoin de maigrir.

Mais ce régime, élaboré et perfectionné tout au long de mes trente ans d'expérience quotidienne du surpoids, a longtemps eu la faiblesse de sa pauvreté en glucides, de l'absence, pendant les phases d'attaque et de croisière, de céréales et de féculents.

La plupart de mes patients, grisés par l'ampleur des premiers résultats, n'éprouvaient pas en début de régime le besoin de glucides. Mais le régime se prolongeant et les derniers kilos étant les plus longs à chasser, ils finissaient par ressentir l'envie de bon pain croustillant, de pâtes nourrissantes, de pommes de terre ou de riz... bref, de l'un ou de l'autre de ces aliments qui apaisent la faim tout en réconfortant. Certainement parce qu'ils renvoient aux habitudes alimentaires et aux goûts de la petite enfance (frites, purée, coquillettes et quignons de pain plaisent inconditionnellement aux enfants), ces aliments riches en glucides constituent autant d'« aimants à plaisir régressif ». Plus encore que leurs qualités nutritionnelles, c'est leur charge affective qui les rend si attractifs et si prompts à nous garantir plaisir et satiété. Mais je reviendrai sur cette donnée psychologique essentielle.

Le son d'avoine, en s'introduisant dans le sanctuaire de mes aliments autorisés, leva cette contrainte et améliora considérablement la durabilité et l'efficacité du régime.

Mes patients personnels – ceux que je suivais en consultation – furent les premiers à en bénéficier. Puis, les forums s'emparèrent de la découverte et le son d'avoine devint un aliment minceur. Aujourd'hui, il suffit de cliquer « galette Dukan » sur Google pour voir apparaître plus de dix neuf mille afférences.

Miracle ?

Voilà un mot qui sonne étrangement sous la plume d'un médecin surtout lorsqu'il prend place dans le titre même de son ouvrage.

Pourquoi tant d'éloges et d'enthousiasme ?

Tout simplement parce que « miracle » est le mot juste. Le son d'avoine constitue une sorte de prodige. Et d'autant plus que ses actions, ses effets et son pouvoir contrastent avec sa modeste apparence et son faible coût.

Voilà un aliment qui intervient dans les quatre secteurs les plus essentiels de la prévention de la santé, une action directe, franche et scientifiquement avérée sur les deux tueurs patentés des Temps modernes : le cholestérol et le cancer. Et sur deux autres facteurs de risque de premier plan : le redoutable diabète et le surpoids qui retentit sur les trois autres.

Quel médicament, quel autre aliment peut se prévaloir d'une telle action ? Il me reste à vous prouver ce que j'avance et ce livre est écrit, entre autres, pour cela.

Mais, me demanderez-vous, vous n'avez tout de même pas inventé le son d'avoine ? Une telle panacée aurait depuis longtemps attiré l'attention des diététiciens et des médecins, cardiologues, cancérologues, diabétologues...

C'est parfaitement exact mais chacun l'a remarqué à travers sa lorgnette, dans l'axe exclusif de sa spécialité.

Les cardiologues américains lui accordent une importance incontestable en autorisant les distributeurs d'avoine complète, son inclus, à apposer sur le packaging de leurs produits la mention « Bon pour le cœur ». Et la *Food and Drug Administration*, bien connue pour sa rigueur, a accordé pour la première fois à cet aliment le statut de « nutricament ».

Les diabétologues reconnaissent le rôle des fibres solubles – son d'avoine et pectine – dans la réduction de la vitesse d'assimilation des sucres. Un sucre rapide englué dans des fibres solubles devient un sucre lent, dont l'irruption dans le sang élève moins vite et moins fortement la glycémie.

Les cancérologues ont été les premiers à découvrir que toutes les fibres, solubles ou non solubles, protégeaient du cancer et ce d'autant plus que notre alimentation s'industrialise de plus en plus, se chargeant en produits que nos intestins ne sont pas pressés d'éliminer.

Les gastro-entérologues savent d'expérience que les fibres, surtout solubles, sont des substances non assimilables et gorgées d'eau qui donnent de la consistance et du volume aux selles en régulant naturellement le transit intestinal.

Mais toutes ces actions, dont la liste confère des apparences de panacée, ne mobilisaient personne car chaque discipline médicale l'utilisait à sa manière et à ses propres fins, camouflant ainsi son intérêt.

Pour que le son d'avoine fût réhabilité à sa juste valeur, il fallait davantage que la liste déjà impressionnante de ses bienfaits, il fallait un argument « de poids », un sujet porteur, voire brûlant. J'ai pu apporter cet argument, en révélant une autre action physiologique, un autre champ de la thérapeutique, en apparence moins dramatique : le problème du surpoids, problème face auquel la médecine, partout dans le monde, reste désarmée, ou même peu impliquée.

En effet, pour n'importe quel médecin, prendre du poids, dans des limites raisonnables, n'est pas une maladie. Ce serait même plutôt un signe de bonne santé laissant entendre qu'un corps qui profite à plein de ce qu'il mange est infiniment plus sain qu'un corps qui maigrirait sans raison.

Les médecins se réapproprient le surpoids lorsqu'il est suffisamment important et ancien pour engendrer des complications pathologiques.

Mais dans l'esprit du public, c'est rarement le facteur santé qui prévaut dans l'appréhension du surpoids.

Grossir est vécu comme une disgrâce esthétique, une charge physique, une épreuve difficile à porter et qui, pour la grande majorité des personnes en surpoids, entraîne une vive souffrance.

Tout ce qui peut constituer un baume pour ces souffrances a un sens et j'en appelle donc à tous ceux qui se sentent concernés par le surpoids, médecins, journalistes, cuisiniers, traiteurs, industriels de l'agroalimentaire, professionnels de santé et, en tout premier lieu, les personnes en surpoids elles-mêmes, pour bien comprendre la portée miraculeuse du son d'avoine.

Ce son si particulier n'est pas un simple aliment, c'est un vrai concept alimentaire.

Il est donc utile de s'arrêter sur ce qui constitue le principe actif du son d'avoine, ce qui sous-tend et explique toutes ses actions de prévention : ses fibres solubles.

Il ne s'agira pas d'un cours de chimie complexe, hermétique et fastidieux, je m'en tiendrai à des faits clairs et simples. De toute façon, les résultats parlent d'eux-mêmes.

Bien entendu, j'évoquerai ensuite son action sur le poids. Son rôle fascinant de réducteur de calories, de contre-aliment induisant une véritable « fuite calorique ». Rôle qui l'aurait à jamais banni de l'alimentation dans le monde de pénurie qui a prévalu jusqu'à la fin du XIXe siècle mais qui, aujourd'hui, à la faveur de l'abondance et de ses conséquences paradoxalement funestes sur la santé et le bonheur, fait figure d'aliment providentiel.

Aliment minceur mais aussi aliment santé puisqu'il est particulièrement bénéfique pour ceux qui redoutent un cholestérol menaçant, un diabète installé, en cours d'installation ou une tendance familiale au diabète.

Ceux qui ont un terrain familial à cancer, notamment du côlon, et tous ceux dont le transit, faute de fibres et d'activité, est devenu paresseux, ne seront pas non plus oubliés.

Introduction

Qu'est-ce que le son d'avoine ? Ses fibres, le cœur de son action

L'avoine, céréale non panifiable, a longtemps été considérée en France, où le pain est un aliment sacré, comme une céréale pauvre, mineure, réservée à l'alimentation des chevaux et au remplissage des matelas.

Dans l'avoine, comme dans le blé et la plupart des céréales, il y a la graine noble et concentrée en énergie de réserve, et l'emballage, une enveloppe de protection, un peu comme l'œuf dans sa coquille.

Sur le plan nutritionnel, l'apport énergétique de l'avoine se concentre dans la graine, c'est la zone de réserve de la plante. Et c'est du grain que l'on tire la farine d'avoine – les classiques flocons d'avoine. En effet, il ne faut pas confondre le son et les flocons.

Contrairement à la démarche traditionnelle qui s'intéresse essentiellement à la graine et à ses calories, ce qui me passionne dans l'avoine, c'est le son, chemise rustique de l'avoine, un « non-aliment ». Pourquoi est-ce un non-aliment ? Parce que nous ne possédons pas – à la différence des ruminants et des herbivores – les enzymes nécessaires pour en démanteler les longues chaînes et l'assimiler.

Ce qui donne au son d'avoine son statut si particulier qui lui vaut cet ouvrage, c'est justement qu'il traverse tout notre tube digestif, de la bouche où il s'imprègne de salive, au côlon où il joue parfaitement son rôle de remplissage, en résistant à tous les traitements physiques et chimiques subis au cours de ce périple.

Parvenu dans l'intestin grêle, là où l'organisme vient se servir en nutriments et en calories, les fibres du son d'avoine, solubles, gorgées d'eau et au contact extrêmement visqueux, vont jouer leur rôle prodigieux, le fameux miracle du son d'avoine.

Dans cette enveloppe qui compose le son, que trouve-t-on de si original et de si précieux ?

Des fibres. Mais attention, pas n'importe quelles fibres…

Dans le règne végétal, il existe deux sortes de fibres, les fibres solubles – qui peuvent se dissoudre dans l'eau et s'en gorger – et les fibres insolubles. Celles du son de blé et de la plupart des végétaux sont insolubles. Celles du son d'avoine sont solubles dans l'eau tout comme celles de la pectine de pomme. Les fibres de pectine ont des propriétés similaires mais sont infiniment plus difficiles et coûteuses à extraire et plus encore à séparer du sucre du fruit.

La pectine a néanmoins assuré le potentiel médicinal de la pomme parfaitement résumé dans le célèbre dicton anglais : « One apple a day keeps the doctor away. »

Ce qui prouve que les Britanniques avaient depuis longtemps déjà remarqué ses qualités, confirmées par la pharmacologie moderne.

Les autres fibres, insolubles, comme celles du son de blé, ont beaucoup moins d'intérêt. Certes elles apaisent la faim et accélèrent le transit, mais elles sont irritantes pour les côlons sensibles, ce qui limite beaucoup leur usage.

Revenons aux fibres solubles du son d'avoine. Quelles sont leur action protectrice et leur utilité ?

La solubilité qui les distingue leur confère un pouvoir d'imprégnation, une aptitude à gélifier et une haute viscosité de contact. Ces précieuses fibres se comportent comme des éponges, elles en ont la structure et peuvent absorber dans leurs alvéoles jusqu'à trente fois leur volume d'eau.

Si vous mettez du son dans de l'eau ou du lait, vous obtenez une sorte de mixture proche du porridge, très différente de celle que vous obtenez avec du son de blé qui se dépose au fond de votre verre.

Si vous examinez au microscope une goutte de son d'avoine en solution, vous y trouverez un réseau croisé d'alvéoles délimitant des espaces clos où l'eau est emprisonnée. Et ce, quel que soit le soluble utilisé.

Dans le tube digestif, à la sortie de l'estomac, se trouve l'intestin grêle, un long et étroit canal de dix mètres de long où le corps vient chercher les nutriments, les calories et toutes substances qui le maintiennent en vie. C'est l'interface entre le monde extérieur et le monde intérieur, les aliments et le sang.

Dans l'intestin grêle, les aliments ont déjà subi le premier travail de mastication et de salivation, puis le broyage mécanique en milieu acide de l'estomac. Ils subissent ensuite l'attaque chimique de la bile qui déterge leurs graisses et du suc pancréatique qui démantèle leurs longues chaînes de protéines. Ce travail est essentiel car rien ne passe dans le sang qui ne soit préalablement décomposé en corps élémentaires indivisibles.

Les protéines finissent ainsi en acides aminés, les graisses (lipides) en acides gras et les sucres (glucides) en pré-glucose.

À ce stade, on ne trouve plus aucune trace reconnaissable d'aliments, c'est le stade ultime du bol alimentaire, une sorte de bouillie liquide plus ou moins épaisse selon les aliments ingérés et la teneur en liquides du repas.

C'est le moment crucial où le corps peut enfin se servir par aspiration des éléments de base dont il pourra tirer énergie et matériaux de construction ou de réparation.

Si vous mettez du son d'avoine dans ce bol alimentaire, que se passe-t-il ?

La constellation d'alvéoles va se déployer et absorber trente fois son volume initial. Dans ces alvéoles, il y aura des nutriments et des calories qui ont pu pénétrer mais qui, par adhésion, auront bien du mal à sortir. Ces éléments se retrouvent captés, piégés.

Ces fibres et leur cargaison vont alors traverser les dix à douze mètres d'intestin grêle. Celui-ci tentera, mais sans grand effet, de leur soutirer son jus nutritif. Lorsque le son quittera l'intestin grêle pour passer dans le gros côlon, les jeux seront faits. Le côlon n'a plus aucun pouvoir sur les calories et son rôle se limite à l'extraction lente de l'eau afin de dessécher la substance du bol alimentaire pour en faire des selles.

Aussi, en quittant le côlon et l'organisme, ces selles conservent-elles une grande partie des fibres de son d'avoine aux alvéoles chargées de nutriments et de calories. C'est là que réside l'action providentielle du son d'avoine, une action de capteur spongieux capable d'empêcher le passage des aliments dans le sang.

Nous allons découvrir maintenant comment ce pouvoir de captation agit à la racine même de tous les métabolismes, tant sur les sucres que sur les graisses et les protéines, soit sur l'ensemble des calories véhiculées.

I

Aliment minceur

Le son d'avoine est le seul aliment naturel qui puisse revendiquer le statut d'aliment minceur. Si j'en crois ma longue expérience personnelle et des milliers de témoignages sur Internet, il est désormais possible aujourd'hui de considérer le son d'avoine comme un aliment adjuvant de l'amaigrissement et peut-être plus encore de la stabilisation du poids obtenu.

Si l'action de déperdition calorique du son d'avoine est modeste, elle est réelle, sans danger et renouvelable.

Son action se déploie sur trois plans :

– Prélever une part modeste des calories alimentaires, et alléger la facture calorique du repas.

– Se gorger de trente fois son volume d'eau dans l'estomac et exercer une action mécanique de réplétion et de rassasiement.

– Se prêter facilement à une infinité de préparations sucrées et salées par sa consistance et sa saveur.

1

Action de déperdition alimentaire

Manger du son d'avoine permet de réduire le profit que vous feriez des aliments consommés. De ce point de vue, on peut considérer le son d'avoine comme un anti-aliment. Ses fibres sortent de l'organisme plus riches que lorsqu'elles y ont pénétré. Ces calories, le son les dérobe aux aliments qu'il côtoie et les empêche de passer dans le sang.

Revenons encore sur son mécanisme d'action tant il est prometteur.

En bouche et dans l'estomac, le son d'avoine subit l'assaut de la trituration et de l'acidification mais cela n'altère pas sa structure car notre organisme ne dispose pas des enzymes nécessaires à sa digestion.

Autour de lui, le bol alimentaire se fluidifie et quand s'ouvre le pylore (c'est-à-dire l'orifice faisant communiquer l'estomac et l'entrée de l'intestin grêle), le son dissous dans le bol alimentaire passe avec lui dans le sanctuaire des échanges entre corps et milieu extérieur. Il subit encore la double attaque de la bile sécrétée par le foie et du suc pancréatique. Au sortir de ce déferlement chimique, le bol alimentaire ne contient plus qu'un mélange des trois nutriments universels – protéines, lipides, glucides – totalement démantelés dans leurs parties élémentaires et prêts à passer dans le sang. C'est là que les fibres du son d'avoine vont jouer leur rôle d'intercepteur de l'assimilation, pour le dire simplement : de bloqueur de passage.

Que deviennent les protéines ?

Ce nutriment d'origine principalement animale (viandes, poissons et dérivés), mais aussi végétale, est composé de longues chaînes à liaisons covalentes. De toutes les liaisons entre chaînons élémentaires, ce sont celles qui résistent le plus fortement.

L'occasion est intéressante pour vous expliquer l'un des intérêts majeurs des protéines dans la stratégie de lutte contre le surpoids. Protéines qui sont si importantes dans la méthode d'amaigrissement que j'ai élaborée, année après année. Démanteler des chaînes d'aliments en chaînons élémentaires représente un travail qui varie beaucoup avec les aliments et le ciment de leurs liaisons. Ce travail peut atteindre 30 % des calories véhiculées. Prenons l'exemple d'un steak de bœuf de 250 calories, le simple fait de démanteler ses longues chaînes pour amener ses acides aminés à passer dans le sang vous coûterait près de 70 calories. Ce qui signifie que vous avez naturellement allégé votre steak et que ce dernier ne vous apportera plus que 180 calories.

Les chimistes appellent ce coût la VDS, « Valeur Dynamique Spécifique» de l'aliment. Cette valeur est très faible pour certains sucres dits rapides : un carré de sucre mis en bouche se délite facilement et résiste très peu à la digestion. Parvenu dans l'intestin grêle, il n'aura fallu que deux calories pour le décomposer. Sa valeur dynamique est de 5 % et sur 40 calories, 38 se retrouveront dans le sang sous forme de glucose. Les sucres complexes comme les pâtes, les légumineuses, les lentilles ou les pois résistent mieux et passent moins vite et moins massivement, leur coût de passage peut atteindre 12 %.

Quant à la matière grasse, sa valeur dynamique est de 10 %.

Vous comprenez l'intérêt majeur d'utiliser des protéines pour maigrir...

De plus, sachez que lorsque vous consommez un morceau de viande, de poisson ou de volaille, les protéines qui composent ces aliments ont une structure et une succession d'acides aminés propres à chaque espèce. Mais quelle que soit l'espèce, ses protéines sont assemblées avec les mêmes acides aminés. Il en existe vingt dont huit sont dits essentiels, seul leur agencement diffère d'une espèce à l'autre.

Décomposées et parvenues dans le sang, des ex-protéines de canard, par exemple, vont être rassemblées dans l'ordre propre à l'espèce humaine pour devenir des protéines humaines. Et si vous deviez un jour être dévorés par un lion, ce dernier en ferait autant, il transformerait des protéines humaines en protéines de lion. Sachez que ce travail de recomposition lui aussi a un « coût de fabrication » calorique.

Donc, retenez que les protéines représentent le nutriment le mieux adapté à la stratégie minceur et c'est bien pour cette raison que j'en ai fait le fer de lance de mon régime.

Que deviennent les sucres ?

Il existe deux sortes de sucres, les sucres simples et les sucres complexes.

Les sucres simples sont ceux qui ont le goût sucré doux. Ce sont des assemblages de quelques molécules élémentaires. C'est principalement le saccharose du sucre de table, le fructose des fruits, le lactose du lait.

Les sucres complexes sont des conglomérats d'un très grand nombre de molécules. Ce sont ceux que l'on trouve dans les céréales ou les féculents. Leurs chaînes sont longues et c'est ce qui explique l'importance de leur temps de démantèlement et leur dénomination de sucres lents.

L'élément de base ultime est le glucose. On ne sera pas étonné de voir la glycémie – taux de glucose dans le sang – s'élever plus ou moins vite selon l'aliment glucidique consommé : le miel, les corn flakes et le pain de mie pénètrent en trombe dans le sang en élevant violemment la glycémie, tandis que les sucres lents passent au fur et à mesure de leur démantèlement : l'élévation de la glycémie est progressive, ce qui évite les pics d'hyperglycémie.

Ces pics sont dangereux pour l'organisme, principalement pour le diabétique et la personne en surpoids. Pourquoi ?

Parce que, au-delà d'une concentration sanguine de 1 g par litre, le glucose devient irritant puis agressif et enfin toxique pour toutes les artères, autant les artérioles que les gros troncs, avec autant d'incidence que si vous mettiez du sucre dans le réservoir de votre voiture !

Pour parer à ce danger, l'organisme fait appel à son pancréas qui fabrique de l'insuline, une hormone dont la vocation est de chasser le glucose sanguin en excès vers deux lieux de stockage naturels, le foie et le muscle.

Le diabétique a, précisément, un pancréas déficient qui ne sécrète pas suffisamment d'insuline et parvient de plus en plus difficilement à éponger cet excès de glucose. Lentement mais sûrement, le sang trop sucré finira par abîmer son récipient – le cœur et les vaisseaux de tous les organes qui reçoivent du sang, ceux du rein, des yeux, des membres inférieurs, du cerveau – et c'est ce qui explique son immense pouvoir de nuisance, hélas insidieux et progressif, une véritable bombe à retardement qui, lorsqu'elle explose, explose partout en même temps.

En ce qui concerne le surpoids, l'insuline fait grossir pour deux raisons :

– L'insuline facilite le stockage des graisses. Plus il y a d'insuline dans le sang, plus les graisses sont assemblées et stockées.

– L'insuline donne faim : tout grignotage sucré élèvera la glycémie brutalement et obligera le pancréas à défendre l'organisme avec de très fortes quantités d'insuline et à entretenir la faim. C'est un vrai cercle vicieux.

Or, les fibres du son d'avoine possèdent le pouvoir de ralentir le passage des sucres dans le sang et par là même, la fabrication d'insuline. Elles protègent le pancréas du diabétique et permettent de réduire la prise de poids de l'amateur de glucides.

En fin de digestion, du glucose stagne dans le bol intestinal qui s'apprête à traverser la barrière sanguine. C'est dans ce jus sucré que le son va agir en tissant son réseau de ralentissement. Le glucose passera bien plus lentement, évitant ainsi ces fameux pics glycémiques qui usent le pancréas.

Que deviennent les graisses ?

Les corps gras constituent le troisième nutriment traité au cours de la digestion. Sachez qu'il n'en existe que trois dans le monde, la nature étant économe ! Les lipides ou corps gras sont consommés sous forme de graisses animales ou végétales, soit purs comme l'huile, soit sous forme de graisses cachées – dans les pâtisseries, fromages ou charcuteries. La digestion s'applique à les réduire en ses composés élémentaires, les acides gras.

Au passage, comprenez bien que le gras, qu'il soit végétal ou animal, est la forme permettant de contenir et de stocker le maximum de calories sous le plus petit volume. Le gras des plantes ou des animaux constitue une réserve de calories économisées et stockées au même titre que votre propre graisse. Aussi, quand vous consommez des lipides, pensez que vous mangez de la graisse appartenant à d'autres – animaux ou végétaux –, cette même graisse que vous tentez de perdre en faisant un régime.

Il est donc évident que pour perdre sa graisse, la première chose à faire est de ne pas se nourrir de celle des autres espèces.

Revenons à nos acides gras ultimes, produits lors du démantèlement final des graisses. Lorsqu'ils arrivent dans l'intestin grêle, tout prêts à traverser la muqueuse pour passer dans le sang, les fibres du son d'avoine les engluent dans les mailles de leur gel visqueux, réduisent leur passage et réussissent à en entraîner une petite partie avec elles dans les selles.

Au final, les fibres du son d'avoine ont accompagné les aliments pendant leur transformation physique et chimique. Parvenues dans l'intestin grêle, elles forment avec eux une solution dans le bol intestinal au contact d'acides aminés, d'acides gras et de glucose.

Tout au long du parcours digestif, ses fibres ont eu le temps de s'ouvrir, de se détendre et de former de très grandes vacuoles imprégnées de ces trois nutriments et d'eau. Sachant qu'une cuillère à soupe de son d'avoine absorbe trente fois son volume, imaginez ces milliards de vacuoles gorgées de calories...

Au sortir de l'estomac, commence l'intestin grêle qui se déploie sur plus de dix mètres de long.

En l'absence de son d'avoine, l'essentiel de ce qui a été démantelé et réduit à l'état d'éléments de base passe activement la frontière intestinale. Car il ne s'agit pas d'un filtre, d'une simple passoire, mais d'un système aspirant dont la puissance est le reflet de votre faim et de votre besoin énergétique.

La traversée de l'intestin grêle ressemble donc au défilement d'un tapis roulant sur lequel la bouillie alimentaire progresse. Le corps n'ayant qu'un temps compté pour se servir, il pompe avidement tout ce qu'il a le pouvoir d'extraire.

C'est là qu'intervient le miracle du son d'avoine.

Ses vacuoles visqueuses retiennent les nutriments et les calories dont elles sont imprégnées et résistent de la sorte à la puissance d'absorption du corps. Et comme le son n'est pas assimilable, il n'est pas concerné par cette aspiration. Il peut donc continuer de progresser jusqu'à l'extrémité du grêle.

Les fibres et leur chargement calorique passent alors dans le côlon. Ce gros intestin n'a qu'une seule fonction : assécher le résidu et les déchets abandonnés par le grêle. Le côlon pompe l'eau et assèche ce qui reste des nutriments pour les transformer en selles moulées.

Ici intervient une autre propriété de ces incroyables fibres. Tout comme les fibres du son d'avoine avaient résisté à la puissance d'aspiration du grêle, elles vont résister de la même façon à celle du côlon et retenir une partie de l'eau dont il est imprégné. Ce faisant, elles vont garantir aux selles une certaine humidité et donc un certain volume qui facilite leur transit et lutte contre la constipation.

Enfin, parvenu à l'extrémité du gros côlon, le résidu des fibres du son d'avoine et de leur contenu qui a résisté au travail de destruction et d'assimilation des deux intestins quitte l'organisme mêlé aux selles.

Dans ces selles, on retrouve de l'eau, un peu plus qu'en l'absence de son d'avoine et surtout les nutriments et les calories « volés ». Les analyses pratiquées sur des selles contenant des fibres solubles de son d'avoine ou de pectine révèlent incontestablement plus de calories qu'en leur absence. On est donc en droit de dire que ces calories ont été prélevées sur la ration ingérée. Que ce prélèvement s'est fait après ingestion et digestion des aliments et qu'il n'a en rien modifié le plaisir de se nourrir ni perturbé la digestion. Il a simplement opéré un petit détournement de calories. Petit, certes, mais répétable à chaque repas au cours du régime amaigrissant et surtout au moment crucial de la stabilisation et ce, aussi longtemps que l'on cherche à sauvegarder le poids atteint.

Certains diront : « Si le son peut évacuer des calories et des nutriments, il doit évacuer de la même façon des sels minéraux et des vitamines, et peut-être même des médicaments. »

Eh bien oui, c'est exact, mais cette extraction, comme je viens de le dire, est modeste et insuffisante pour modifier l'équilibre vitaminique et médicamenteux du bol alimentaire. Dans certains cas sensibles, il est néanmoins utile de le savoir pour adapter les prises alimentaires.

Ainsi, chez les grands spasmophiles et tétaniques hypersensibles à la teneur en magnésium alimentaire, il suffit de veiller à augmenter l'apport de magnésium. Boire tous les jours deux verres d'eau d'Hépar suffit bien largement.

Chez les femmes ménopausées et sujettes à l'ostéoporose, il est utile d'élever légèrement la consommation des laitages et de boire de l'eau de Vittel qui est riche en calcium.

Pour le potassium, cela n'a pas de conséquences car l'alimentation en est rarement déficitaire.

Pour les vitamines, les déperditions sont infimes et la compensation est en général inutile sauf en cas de subcarences connues.

Enfin, chez les personnes suivant un régime amaigrissant prolongé pauvre en matière grasse, seul l'apport en vitamine E peut être utile à surveiller. Il suffit alors d'une cuillère à café d'huile de tournesol par semaine pour compenser par défaut une consommation notable de son d'avoine. Quant à la vitamine A, son apport est assuré par le carotène fourni par les légumes, et la vitamine D est fournie par le soleil et les poissons gras.

En ce qui concerne les médicaments, la réduction de leur assimilation est trop faible pour porter à conséquence aux doses habituellement utilisées. Mais comme il existe des fanatiques du son d'avoine capables de l'utiliser à dose excessive – j'ai connu des patientes qui en consommaient un paquet par jour – il est conseillé, en cas de médication importante et obligatoire, de la prendre une heure après la prise de son.

Ces petits inconvénients facilement contournables et ne concernant que de très rares personnes, à la fois excessives dans leur consommation et utilisant des médications exceptionnelles, ne doivent pas faire oublier l'immense intérêt de cet aliment, le plus efficace de tout le patrimoine alimentaire humain, et plus efficace qu'un très grand nombre de compléments alimentaires ou même de médicaments.

Les fibres solubles du son d'avoine exercent donc bien une action rare d'évasion calorique, une taxe prélevée sur l'énergie consommée. Elles permettent ce prodige de pouvoir alléger votre alimentation et d'en réduire modestement mais sûrement la facture énergétique.

Au terme de ce chapitre sur le rôle majeur du son d'avoine dans le contrôle du surpoids, je signale qu'il existe aujourd'hui sur le Net, au sein de la communauté Dukan, un nombre impressionnant de sites, de blogs et de forums où des femmes de bonne volonté décrivent par le menu ce qu'elles savent et réussissent à faire avec du son d'avoine. Nombreuses le font d'un simple texte, d'autres en photos, et d'autres encore en vidéos.

Si vous avez besoin d'aide, passez par le site **www.regimedukan.com** où il existe le forum officiel avec toutes les recettes. Et si vous avez besoin d'un suivi quotidien, il vous suffira de fournir le code JAILU pour être accueilli avec les honneurs et les conditions préférentielles.

2

Le son d'avoine dans mon régime

Je vous ai déjà décrit les grandes phases de mon régime qui constituent le volet alimentaire de la méthode à laquelle ses utilisateurs ont bien voulu donner mon nom.

Voici, tout au long du régime, comment je conseille l'utilisation du son d'avoine pour en optimiser les résultats :

Au cours de la phase d'attaque, courte mais fulgurante et aux résultats motivants, je conseille la prise d'une cuillère à soupe quotidienne de son d'avoine.

Au cours de la phase de croisière qui lui succède et conduit d'un seul tenant au *juste poids*, je conseille le son d'avoine à la dose d'une à deux cuillères à soupe par jour selon la perte de poids visée, sous n'importe quelle forme.

Soit en solution dans de l'eau ou du lait, soit dans un yaourt, soit sur des salades, soit dans une omelette, soit sous forme de galette sucrée ou de blinis salés, soit pour en faire de la pâte à pizza ou du pain.

La galette au son d'avoine a connu, depuis son introduction dans mon régime, un succès ininterrompu et tant de femmes l'ont utilisée qu'elles ont inventé de nombreuses manières de la confectionner. Leur créativité et leur solidarité à l'égard des autres personnes en surpoids les ont amenées à me confier leurs recettes. À la fin de cet ouvrage, je vous fournirai la plupart de ces recettes et si vous-même en découvrez une nouvelle, faites-la-moi parvenir pour l'ajouter au corpus déjà recueilli.

La phase de consolidation puis de stabilisation au long cours est plus délicate.

Je considère un amaigrissement réussi si, et seulement si, le poids perdu n'a pas été repris après cinq ans. Ce poids obtenu de haute lutte est habituellement instable et menacé si les raisons qui en furent responsables n'ont pas été corrigées.

Ce poids dit de stabilisation restera toujours un poids artificiel et, plus encore que pour un poids normal, amené à fluctuer.

Si ces variations sont légères, elles ne doivent pas vous inquiéter, il ne s'agit que de la respiration normale du corps. Une « respiration » qui varie selon les saisons et les cycles d'une vie.

Mais lorsque la reprise s'accentue et dépasse la moitié du poids perdu, il s'agit clairement d'une rechute.

Lorsque l'intégralité du poids a été reprise, il s'agit d'une récidive.

Et si le poids repris dépasse le poids de départ, d'une récidive aggravée avec amorce d'une obésité en marche d'escalier.

Pour prévenir ou contrer ce phénomène si fréquent qu'il est considéré par certains experts comme une fatalité, j'assois cette phase de stabilisation sur un trio de mesures simples, précises, concrètes, efficaces mais inséparables et non négociables. À elles seules, ces trois mesures conjuguées parviennent à protéger ce poids vulnérable sur le long terme.

Et plus le temps de stabilisation s'accroît, plus sa protection contre rechutes et récidives s'installe de manière durable, assise sur de nouvelles habitudes.

Voici ces trois mesures sur lesquelles repose la maîtrise à très longue durée – à vie si possible – du juste poids :

– Une journée sentinelle – le jeudi de protéines pures – au cours de laquelle l'alimentation est composée exclusivement d'aliments à haute teneur en protéines comme les viandes, poissons, volaille, œufs, laitages maigres, accompagnés de beaucoup d'eau.

– Le refus contractuel, systématique et définitif des ascenseurs.

– Le son d'avoine à raison de trois cuillères à soupe par jour aussi longtemps que l'on recherche une stabilisation et pour les cas difficiles ayant déjà montré leur tendance à la récidive, et si possible à vie.

3

Action sur l'appétit et la satiété

Si cette action a des résultats moins époustouflants que la précédente, elle est néanmoins forte et très utile. Toutes les fibres végétales connues présentent une capacité à s'imprégner d'eau. Les fibres du son d'avoine sont, de toutes, les plus performantes, exerçant une puissante action de remplissage.

Pour celles et ceux qui cherchent à maigrir ou surveillent leur poids, cette action mécanique prend tout son intérêt lorsqu'elle s'exerce au niveau de l'estomac.

Il existe une relation directe entre le degré de remplissage de l'estomac et la faim. Un estomac vide crie famine et un estomac plein entraîne la satiété et, au-delà d'un certain remplissage, l'écœurement. Entre ces deux états, il existe toute une gamme de sensations et de comportements mécaniquement corrélés au degré de remplissage.

Comment s'exerce cette action de satiété mécanique ?

Le remplissage de l'estomac conduit à l'étirement de ses parois et distend les petits rameaux nerveux qui le traversent. Cet étirement des récepteurs sensoriels est transmis au cerveau qui intègre cette information et y répond par une sensation de rassasiement.

Si surprenant que cela puisse paraître, c'est un effet similaire qui est recherché dans la chirurgie de l'anneau gastrique.

Le but de la pose d'un anneau sur l'estomac d'un obèse est de l'obturer en partie. De la sorte, il crée un obstacle à son remplissage. Il suffit de quelques bouchées pour remplir ce qu'il reste d'estomac et parvenir infiniment plus vite à la satiété ou à l'écœurement. L'action de l'anneau n'est pas liée à la nature des aliments ingérés mais à leurs quantités.

Quel rapport peut-il exister entre les effets d'un anneau chirurgical et le son d'avoine ?

Compte tenu de la solubilité de ses fibres et de leur pouvoir d'imbibition et d'absorption, il suffit de quelques cuillères à soupe de son d'avoine pour occuper une part notable de l'estomac. Suivez-moi bien : chaque cuillère à soupe de son d'avoine pèse un peu plus de 12 g. Le son absorbant trente fois son volume de liquide, cela amène le poids d'une seule cuillère chargée à 265 g. À trois cuillères par jour, cela représente 800 g, soit près d'un kilo, capable de combler une bonne partie de l'estomac. Ce qui, à y bien réfléchir, rejoint l'objectif recherché par la chirurgie de l'anneau gastrique, mais en moins intrusif et surtout avec le plaisir de la céréale douce et consistante avec laquelle on peut faire mille recettes et se régaler.

Chaque cuillère à soupe de son d'avoine consommée avec le repas se transforme en une belle pelote souple qui stagne longtemps dans l'estomac, prend son temps pour être bien malaxée et mêlée aux aliments, jusqu'à être évacuée quand ce dernier ouvre sa voie de sortie.

Le son en début de repas est à conseiller à tous les gros mangeurs, aux appétits impétueux et difficiles à éteindre, mais à la condition expresse de boire en même temps. Sinon, l'imprégnation est insuffisante et l'effet de satiété inopérant.

Le son peut être également utilisé en dehors des repas pour des en-cas ou pour ceux qui éprouvent le besoin de grignoter. Dans ces cas-là, la présentation en galettes sucrées ou salées est des plus adéquates… et des plus gourmandes.

4

Le son d'avoine : un aliment de plaisir

Les fibres du son d'avoine entraînant déperdition calorique et rassasiement s'avèrent, cerise sur le gâteau, d'une saveur et d'une consistance fort appréciables. Cette caractéristique heureuse permet d'introduire sans appréhension notre céréale d'exception dans les régimes pauvres en féculents, céréales ou farineux et de pallier la frustration due à l'absence de ce type de glucide.

Sa solubilité et son pouvoir d'imbibition en eau lui confèrent un agréable moelleux et une belle onctuosité. Nombreux sont ceux qui prennent l'habitude de consommer le son d'avoine sous forme de porridge dans du lait aromatisé à la cannelle, à la vanille, au café, à la fleur d'oranger. D'autres la préfèrent nature pour sa délicate et rustique saveur de céréale. D'autres encore, dont je fais partie, l'adorent en composition, sous forme de crêpes ou de galettes à la fois fondantes et croustillantes.

La recette de base de mes fameuses galettes de son d'avoine est on ne peut plus simple à réaliser : un œuf entier – ou seulement le blanc selon le risque de cholestérol –, une cuillère à soupe bien bombée de son et une cuillère à soupe de fromage blanc. Ce dernier peut être remplacé par du lait, du petit-suisse ou du lait écrémé en poudre selon la densité de la pâte et l'épaisseur souhaitée de la galette. L'idéal, lorsque l'on a le temps, est de séparer le blanc du jaune d'œuf pour monter le premier en neige avant de réintroduire le jaune : la galette n'en sera que plus légère et moelleuse. Pour ceux qui n'ont pas de problème de cholestérol, l'œuf entier est plus rassasiant.

Revenons un instant à la notion de frustration, indissociable de tout effort et donc de tout régime. Si vous vivez très mal les envies, les compulsions et le manque de glucides, n'hésitez pas à compenser leur absence en élevant le nombre de galettes quotidiennes ! Dans ce cas, il est impératif de ne les préparer qu'avec le seul blanc. Certaines de mes patientes doublent toutes les doses et se confectionnent d'énormes galettes qu'elles salent légèrement. Elles peuvent alors se régaler de délicieux blinis sur lesquels elles posent une double tranche de saumon fumé, de jambon, de dinde ou de poulet. D'autres en font du pain avec de la levure de boulanger, en y ajoutant des herbes de Provence ou, comble de raffinement, quelques graines de sésame. Un vrai régal !

À la fin de cet ouvrage vous trouverez toutes sortes de recettes, mais n'hésitez pas à en inventer et à interpréter le son d'avoine en fonction de vos goûts et de vos envies.

Avant ma découverte du son d'avoine, ma méthode s'appuyait sur une consommation exclusive d'aliments riches en protéines et de légumes, avec des phases d'alternance (se succédaient des jours de protéines pures et des jours de protéines et légumes associés). Nombreux étaient, parmi mes patients, celles et ceux à qui le pain ou les farineux manquaient cruellement. Depuis que le son d'avoine a trouvé sa place dans ma méthode, j'ai constaté une bien meilleure adhésion au régime. Les résultats sont tout aussi performants et la stabilisation bien plus pérenne. Rien d'étonnant à cela ! En introduisant le son d'avoine dans mon régime, j'y ai introduit un aliment plaisir et anti-frustration de premier ordre.

J'ai toujours considéré la phase de stabilisation de mon régime comme fondamentale. En effet, s'astreindre à maigrir ne sert à rien si, une fois atteint le juste poids, rien n'est entrepris pour ne pas reprendre les kilos perdus. C'est pourtant là le talon d'Achille de tous les régimes. Depuis plus de soixante ans, depuis que l'on se bat avec le surpoids, je n'ai jamais pu rendre hommage à une méthode d'amaigrissement instaurant une phase de stabilisation digne de ce nom. C'est-à-dire comprenant des mesures véritablement définies, faciles à comprendre et à mettre en application. Des mesures concrètes et suffisamment peu frustrantes pour être acceptées sur la très longue durée. La plupart des méthodes, même les plus sérieuses, s'achèvent sur des conseils de bon sens et se contentent d'en appeler à la volonté de ceux qui ne veulent pas reprendre le poids perdu.

Dans ma méthode, le son d'avoine est, au même titre que « l'abandon contractuel de tous les escaliers » (abandon accepté et assumé) ou que le « jeudi protéines » (jour sentinelle réservé aux aliments de la phase d'attaque), une des pierres angulaires de la phase de stabilisation.

Ces trois éléments associés : Jeudi protéines + Escaliers + Son d'avoine constituent le noyau dur de ma phase de stabilisation. Phase permettant à ceux qui commencent à suivre ma méthode de savoir que le poids qu'ils vont perdre a de très sérieuses chances de ne jamais être repris. Maintenir son poids après avoir maigri est d'une telle importance – tant au niveau de l'individu qu'en ce qui concerne les statistiques du surpoids – que le respect de ces trois mesures, lorsque l'enjeu est bien expliqué, devient facile à accepter.

Et de ces trois injonctions, la plus agréable, la plus facile est bien évidemment celle des trois cuillères à soupe de son d'avoine quotidiennes.

J'ai conservé de très bonnes relations avec d'anciennes patientes, d'anciennes personnes fortes qui ont maigri et définitivement stabilisé leur poids. Elles y sont parvenues, en grande partie parce qu'elles avaient changé de vie et que cette nouvelle vie les rendait suffisamment heureuses pour ne pas avoir à chercher des compensations dans la nourriture. Ce bonheur simple, souvent familial, avait modifié leur rapport à l'alimentation. Elles mangent désormais quand elles ont besoin de se nourrir, s'offrant parfois un petit « câlin de palais », mais toujours avec modération. Parmi ces personnes que je considère comme définitivement stabilisées, un grand nombre a conservé l'habitude, devenue plaisir, de consommer du son d'avoine. Le son d'avoine est, dans ce cas de la stabilisation fondée sur un renouvellement durable des habitudes, un atout majeur, un vrai secret. Il conjugue et majore deux plaisirs : celui de maigrir et celui de savourer.

De ce fait, il est, dans le cadre de ma méthode et de ses contraintes, le seul aliment glucidique qui puisse participer sans hésitation à un régime amaigrissant, mieux : qui puisse en assurer le succès !

Si vous êtes de celles et ceux qui ont, hélas, pratiqué les régimes à répétition, vous pensez peut-être avoir un problème métabolique ou hormonal... C'est certainement bien plus d'un problème de gestion du plaisir que vous souffrez. Si vous ne supportez plus le terrible effet yo-yo, si vous cherchez à vous en sortir réellement, alors ne renoncez surtout pas au plaisir de manger. Sans plaisir, tout régime est quasiment voué à l'échec. Ainsi, si vous êtes un vétéran de la guerre du poids, ne négligez pas ce conseil : même en cas de régime restrictif, incorporez un élément de plaisir, un flotteur qui empêche votre entreprise de sombrer. Pour ma part, je n'ai pas trouvé mieux que le son d'avoine.

J'ai eu bien des fois, dans ma vie de praticien, l'occasion de suivre des patients pressés de maigrir pour des raisons professionnelles. Des boxeurs qui devaient disputer un match et revenir au poids de leur catégorie, des jockeys inscrits dans des limites pondérales, des actrices de cinéma, des danseuses de l'Opéra ou du Crazy Horse. Chaque fois que je me retrouve dans une telle situation de contrainte ou d'urgence, j'ai recours au son d'avoine. Pendant un, deux, voire trois jours dans les cas les plus pressants, je prescris une double crêpe au blanc d'œuf quatre fois par jour, une le matin, une au déjeuner, une l'après-midi et la dernière au dîner. C'est le moyen le plus rapide que je connaisse pour atteindre un objectif imposé sans frustration, sans fatigue, ni fonte musculaire. Bien entendu, ces « cures » doivent être impérativement de très courte durée, toujours occasionnelles et circonstanciées.

Je suis médecin nutritionniste et depuis longtemps au contact de personnes souffrant de ne pas accepter leur poids. Cette souffrance est subjective et parfois indépendante du nombre de kilos à perdre, mais le plus souvent vive et terriblement difficile à vivre.

J'ai très souvent l'occasion de recevoir des couples en consultation. Il arrive que certains maris obèses soient prêts à surveiller et aider leurs femmes à suivre un régime sans même penser à remédier à leur propre obésité. Chacun vit son surpoids à sa manière...

Au cours de ces trente dernières années, le temps d'une génération, j'ai observé le monde changer, le mode de vie occidental accumuler ses conquêtes et ses nuisances. Sur le terrain, j'ai acquis la conviction qu'il est aujourd'hui infiniment plus facile de grossir et plus difficile de maigrir qu'en 1978.

Pourquoi ?

Parce que la vie des patients que j'aide à maigrir, et plus encore celle des femmes que des hommes, a beaucoup changé. Certes, cette nouvelle vie est plus dense, plus riche en stimulations et satisfactions de toutes sortes, mais également plus fragilisante, plus stressante. Tant d'hommes et de femmes souffrent de l'obsédante obligation de devoir tout faire et tout réussir dans un temps défini !

Cette nouvelle vie s'accompagne de l'invasion sournoise d'une quantité de besoins artificiels en compétition avec les vrais, les banalisant et les affadissant pour mieux les supplanter.

Mais qu'est-ce qu'un vrai besoin et qu'est-ce qu'un faux besoin ? me demanderez-vous.

Un vrai besoin est un besoin programmé pour nous pousser à le satisfaire. C'est à la fois un désir qui motive et une récompense délivrée sous la forme d'une sensation agréable nommée plaisir.

Un exemple ? Vous êtes tentée par un superbe faux-filet bien grillé, vous le consommez et vous en retirez plaisir, plénitude et rassasiement. Dans le même temps, vous apportez à votre corps les protéines indispensables à votre vie, les acides aminés que vous ne savez pas synthétiser mais sans lesquels vous cesseriez de renouveler votre sang, vos muscles, votre peau, votre mémoire, votre vie en somme... Le vrai besoin est donc celui qui nous donne les moyens de vivre sans qu'il soit nécessaire de le comprendre ni de le justifier. Vous mangez parce que vous avez faim, vous avez du plaisir et vous continuez de vivre. Un autre exemple ? Le désir sexuel qui vous attire vers la peau, l'odeur et le souffle de celui ou de celle que vous désirez. Le désir conduit à la rencontre des corps et, inéluctablement, à la reproduction de l'espèce. Les besoins naturels – les vrais besoins – sont donc à l'œuvre partout où il y a obligation de survie de l'individu ou du groupe. Ces besoins sont naturels parce que nous les portons en nous-mêmes aussi naturellement que nous respirons. Nous sommes programmés pour les accomplir et en tirer récompense.

Mais attention ! Ce fabuleux plaisir de la récompense n'est que la partie visible de l'iceberg. L'essentiel est ce qui se passe en profondeur…

Lorsque vous avez satisfait un « vrai » besoin, vous en êtes récompensé par un plaisir à la fois profond, durable et gratuit. C'est à ces trois critères que vous reconnaîtrez le vrai besoin.

En même temps que le plaisir ressenti pénètre en vous une « chose » que vous ne ressentez pas mais qui est d'une importance capitale. Ce flux camouflé, ce messager invisible et primordial dont je vais vous expliquer le rôle inouï, ne portait pas de nom. Je l'ai baptisé « satisfaisance » car il est à la fois satisfaction et bienfaisance.

Le centre cérébral primitif chargé de la vie instinctive et de sa protection s'appelle l'hypothalamus. Dans l'échelle de la vie, il apparaît avec les premiers reptiles. L'hypothalamus abrite une sorte de pulsar chargé de rien de moins que d'émettre la vie ! C'est lui qui insuffle l'envie de vivre aux reptiles, aux mammifères, aux singes comme à l'homme. Cette pulsation de vie, semblable aux battements du cœur, commence à être émise dès les premières semaines de la vie de l'embryon et ne cesse qu'à la mort. C'est dire combien le plaisir – et tout ce qu'il cache et recèle – est le premier et le seul moteur de la vie, humaine et animale.

Ce long, ce très long détour pour dire que si vous êtes en surpoids et en souffrance, c'est que vous avez mangé au-delà de vos besoins biologiques tout en sachant que vous risquiez de grossir. Si vous l'avez fait et refait, c'est que vous en aviez besoin. Ce besoin n'étant pas un besoin nutritif, il ne pouvait être qu'un besoin de plaisir... Et ce besoin de plaisir, sans que vous le sachiez vraiment, témoigne que vous en manquiez. Votre récolte de plaisir était insuffisante. Et comme les plaisirs sont convertibles entre eux, vous avez succombé au plus facile à trouver, au plus immédiat, au plus archaïque, au plus animal, celui qui est ancré en nous depuis les origines et dont la charge émotionnelle et affective est la plus violente : le plaisir de manger.

Je ne peux qu'en conclure que si vous désirez maigrir et rester mince, vous ne pourrez y parvenir qu'en ménageant en vous des sources de plaisir, qu'en entretenant cette fameuse « satisfaisance ». Et le son d'avoine, en dehors de toutes ses actions métaboliques et médicinales, est capable de générer du plaisir, celui immédiat de la douceur, de l'onctuosité, de l'émotion, tout en vous apportant le plaisir de maigrir. Le plaisir de réaliser par vous-même comme dans le regard des autres que vous vous aimez enfin.

Petit supplément de première importance sur le plaisir.

Comprendre ce qu'est réellement le plaisir, à quoi il sert, comment il est produit et surtout comment s'en servir pour voyager en terre froide de déplaisir et d'épreuves. Cela vous servira si vous cherchez à maigrir !

L'une des choses les plus importantes et surprenantes apprises sur le terrain tout au long de ma vie de praticien au contact de mes patients englués dans un problème de poids chronique, c'est la dimension émotionnelle, affective de leur relation à leur poids, à leur image et à leurs aliments. Et plus encore la dimension plaisir associée à toutes les étapes de leur parcours.

La grande erreur, la tragique erreur de ceux qui ont géré la lutte contre le surpoids, c'est d'avoir négligé ou occulté cette dimension pour s'en tenir à la froide équation logique et rationnelle des chiffres, ceux de l'équation énergétique du surpoids, les calories consommées, les calories dépensées.

Pour des générations de nutritionnistes et de diététiciennes, grossir fut et reste encore dû à un excédent calorique. Pour maigrir, il suffirait donc d'inverser ce bilan bénéficiaire pour le rendre déficitaire, comme on le ferait pour celui d'une entreprise. Leur raisonnement est apparemment sans faille : mangez moins et bougez plus et bientôt vous retrouverez un poids normal. Sans faille si ce discours s'adressait à un robot ou à un nourrisson alimenté par une nourrice automatique, mais faux de bout en bout s'il s'adresse à un être humain, rationnel certes, mais hanté par ses émotions, ses sentiments, ses joies, ses peines, par son animalité, son besoin crucial de plaisir pour adhérer à la vie.

L'approche énergétique du surpoids et de la relation à l'aliment témoigne d'une insondable incompréhension des forces en présence, celles-là même qui l'engendrent.

Celles et ceux qui grossissent ne le font jamais sans le savoir, en se trompant d'aliments, en omettant des étourderies qu'il suffirait d'inverser pour reperdre ce poids accidentel. Les femmes, mes patientes que je sonde systématiquement sur ce point, me le disent clairement : « Je mange mal, je mange trop, je mange tout ce qu'il ne faut pas ! » Toutes savent parfaitement que leurs écarts alimentaires, leurs outrances et leur répétition les conduiront à grossir. Elles détestent ce qui les attend, elles se détestent elles-mêmes de le faire, elles s'en culpabilisent, elles le font à regret, à corps défendant, l'épée dans les reins ! Mais elles le font !

Pourquoi ?

Parce que ce faisant, ce n'est pas des nutriments et encore moins des calories qu'elles recherchent mais du plaisir, poussées par les centres les plus archaïques de leur cerveau instinctif et émotionnel, ceux que nous partageons avec tous les mammifères. Des centres chargés de la survie immédiate et qui submergent la voie de la raison.

Dans un monde qui grince et qui fait mal, un environnement générateur de stress, de pression, de réduction de la qualité de vie et de réduction de plaisir, le message prioritaire est de trouver en urgence du plaisir, de la gratification !

Une femme qui vit à cent à l'heure, se partageant entre une vie professionnelle harcelante, des enfants prégnants, un foyer et ses charges multiples, cette femme égrène des journées au vécu insuffisant. Lorsque cette femme trébuche sur un stress plus fort que la moyenne – déception affective, harcèlement professionnel, surmenage, anxiété, insomnie, difficulté scolaire des enfants –, elle n'est plus à même d'entendre le discours de bon sens qui lui chante les vertus de l'équilibre alimentaire : « Mangez moins et bougez plus ! »

On n'apprend pas à nager à quelqu'un qui se noie. Il existe hélas des psychiatres de renom qui continuent à le proposer, ignorant du mal qu'ils font.

Ce que cherche cette femme noyée dans son quotidien, ce n'est pas de s'entendre dire qu'elle doit s'appliquer à entendre le bruissement naturel et animal de sa faim pour manger et de sa satiété pour s'arrêter, mais une bouffée de plaisir, de sensorialité, d'apaisement, de gratification, de plénitude, de remplissage, de tamponnement de l'inconfort et de la souffrance, une béquille pour tenir debout.

Alors, elle mange.

Puis, elle grossit.

Mais un jour arrive où la prise de poids est telle que l'alimentation de compensation ne suffit plus à neutraliser et les stress du quotidien et le tourment du surpoids.

Si dans un tel contexte, survient un léger mieux, une embellie, une détente dans la perception du vécu – un enfant qui réussit son bac, une promotion professionnelle, une rencontre, n'importe quoi de chaleureux et de gratifiant –, alors, le fléau de la balance du Plaisir/Déplaisir change de coté et survient le DÉCLIC, l'envie, la force de changer la donne, celle de retrouver l'image, le corps, la confiance, l'estime de soi, la rage de sortir du marécage, le désir de maigrir et la force soudaine et brutale d'inverser la spirale vicieuse en spirale vertueuse et... **d'y trouver du plaisir.**

Les femmes qui perçoivent cette nouvelle sève monter savent d'instinct ou d'expérience que cette force neuve qui les irrigue est aussi vive qu'éphémère et qu'elle doit être exploitée aussi vite que possible. Ce dont elles ont alors besoin et recherchent, c'est un moyen de maigrir vite et d'obtenir un premier résultat palpable et encourageant, avant que le feu de la motivation ne s'éteigne.

La lutte qui s'engage à ce moment s'inscrit toute entière dans la gestion du plaisir. La femme qui a grossit, l'a fait par besoin irrépressible de trouver du plaisir ou de neutraliser un déplaisir. En décidant de maigrir, elle devra non seulement tarir cette source de plaisir de compensation mais L'INVERSER, passer en mode restrictif, en zone de déplaisir et de frustration.

Pour rendre possible ce revirement, elle a besoin de trouver une autre source de satisfaction pour remplacer celle qu'elle abandonne.

Et ce plaisir, elle le trouvera dans une des nourritures les plus essentielles de l'individu, celle de l'ego : RÉUSSIR à maigrir, voir enfin la balance afficher un SUCCÈS et se sentir ainsi valorisée.

Peut-être, comprendrez-vous mal le mécanisme de cette substitution, comment le plaisir du chocolat ou du fromage peut-il être remplacé par le plaisir de réussir à maigrir ? Et je comprends votre étonnement.

Alors écoutez-moi bien, il en va d'un point capital qui vaut le détour.

Lorsque vous voyagez dans un pays où l'euro n'a pas cours, vous changez vos euros pour de la monnaie locale, le dollar par exemple si vous êtes à New York. Que possèdent en commun ces deux monnaies que vous tentez de conserver en changeant l'une pour l'autre ? Une valeur commune qui vous permet d'obtenir dans les deux cas la même chose.

Il en va de même du plaisir dont la finalité est de récompenser les comportements qui favorisent la survie. Le plaisir obtenu entretient en retour le besoin et l'envie de vivre, le premier de tous les besoins : l'adhésion inconsciente à la vie.

Ce plaisir, comme la monnaie, peut se présenter sous des formes très dissemblables et sans relation apparente. Le plaisir sexuel, le plaisir maternel, le plaisir de l'émotion esthétique, le plaisir spirituel, la jouissance du pouvoir. Tous ces plaisirs véhiculent une nourriture commune qui finit sur les mêmes récepteurs de notre vieux cerveau. « Qu'importe le flacon, pourvu qu'on ait l'ivresse. » Qu'importe le plaisir pourvu qu'il transite, de médiateurs chimiques en médiateurs chimiques, endorphines, sérotonine, dopamine, jusqu'à la partie du cerveau qui pulse la motivation à vivre.

Mais chacun d'entre vous, de par son éducation ou sa génétique, a une attirance envers un ou plusieurs de ces plaisirs et une aptitude naturelle à les capturer.

La femme qui accepte de se passer de sa béquille alimentaire de gratification DOIT impérativement en trouver une autre. Tout plan amaigrissant cohérent et soucieux de réussir doit permettre ce changement de compensation. Il s'agit de rendre moins obsessionnel le plaisir de manger pour apprendre à se gratifier *via* une autre source de contentement.

Lesquelles ?

Pour ramener du plaisir dans la maison Maigrir, quatre mesures le permettent :

1. Un régime qui démarre vite et fort.

Le plaisir et l'enthousiasme de l'efficacité, une contrainte courte et forte pratiquée sous l'anesthésie des premiers résultats obtenus à l'arraché. Tout mais pas de régime qui traîne, qui sème le doute et réduit la voilure de la motivation. C'est la raison pour laquelle mon plan commence par une phase d'attaque courte de 2 à 7 jours selon la perte de poids visée. Courte mais foudroyante, un kilo à la fin des trois premiers jours ou deux à la fin des 6 premiers, en moyenne ! Et avec la précieuse galette au son d'avoine dont l'action conjuguée de détournement de calories et de réplétion gastrique majore les résultats.

2. Un régime de non-faim.

Le plaisir de ne pas avoir faim en période de régime est un puissant dynamiseur.

La faim issue de la limitation des quantités est la ruine annoncée d'un régime, à court, moyen ou long terme. Le médecin ou l'intervenant qui prend la responsabilité de prescrire 120 g de poisson avec 100 g de riz, 25 g de fromage et un carré de chocolat au repas du soir, retranscrit ce que l'on enseigne dans tous les manuels de nutrition depuis soixante ans. Ce faisant, hélas et quelles que soient ses bonnes intentions, il prouve qu'il méconnait gravement le psychisme du gros.

Une femme désemparée, lasse, sortant d'une heure de transport en commun et qui accepte de ne pas piller son frigidaire en arrivant pour se consacrer au bain des enfants, cette femme de bonne volonté qui se met à table face à un tel menu n'a que peu de chance de s'en sortir indemne.

Un carré de chocolat ! Il me semble entendre la réflexion d'une de mes patientes me commentant le dernier régime auquel on l'avait attelée : « Un carré de chocolat, c'est faire entrer le loup dans la bergerie ! Une tablette ouverte émet des signaux stridents qui ne cessent qu'avec la fin de la tablette ! Moi, docteur, je suis de ces personnes entières, qui ne savent rien faire à moitié, je fonctionne aux extrêmes, je ne suis à l'aise que dans le tout ou rien. »

C'est la raison pour laquelle ma méthode est fondée sur un mode de fonctionnement simple : liberté sur ce qui est autorisé, oubli du reste pour un temps court mais strict. 100 aliments, 72 d'origine animale, 28 d'origine végétale. Le tout À VOLONTÉ. Sans oublier le son d'avoine pour gonfler dans l'estomac et renforcer puissamment et rapidement la satiété.

3. Un régime à forte structure d'appui.

Le plaisir d'être dans un cadre fort et sécurisant permet de tolérer bien des contraintes. Ce cadre, la structure d'un régime, c'est son organisation interne, la façon dont elle a été bâtie pour permettre à l'utilisateur de s'y adosser en suivant ses lignes de force.

Cette notion de structure peut paraitre abstraite, en fait elle est de toute première importance. Ce qui perturbe les personnes en surpoids qui seraient tentées de maigrir, c'est de ne pas savoir par où commencer et quoi faire : quel nutriment privilégier ? boire beaucoup ou non ? compter les calories ou hiérarchiser les nutriments ? Et même celles et ceux qui savent ont besoin de quelqu'un qui leur donne le signal du départ. C'est surprenant mais c'est ainsi ! Toutes les études modernes sur la psychologie du comportement ont prouvé l'importance de l'autorité extérieure dans l'exécution d'une consigne. Au cours d'une vie d'expérience des régimes et de leur suivi, j'ai tiré la conclusion que la manière directive et parfaitement articulée d'instaurer des consignes était au moins aussi importante que les consignes elles-mêmes.

Tout régime, par définition, s'attaque, d'une manière ou d'une autre, à la spontanéité alimentaire. De facto, il génèrera de la restriction et de la frustration. Or, ce qui est le plus difficile dans un régime c'est d'avoir à s'imposer à soi-même les décisions pénibles. Il est infiniment moins frustrant et plus facile et de suivre des consignes tranchées provenant d'un donneur de consignes extérieur, et sans espoir de négociation.

J'ai conçu mon plan à la lumière de ces indications.

Ses consignes sont précises, claires, concrètes et sans ambigüité.

Les aliments autorisés le sont à volonté, les autres, pour un temps clairement fixé, sont à oublier.

Il comporte 4 phases parfaitement articulées avec un plan ne laissant rien au hasard :

– Une phase d'attaque courte, fulgurante et fructueuse adaptée à chaque type de cas.

– Une phase de croisière menant d'un seul tenant au juste poids à la vitesse moyenne de 1 kg par semaine.

– Une phase de consolidation durant 10 jours par kg perdu avec ses deux rations de féculents et ses deux repas de gala par semaine.

– Une phase de stabilisation définitive avec le fameux Jeudi Protéines, l'abandon des ascenseurs et les 3 cuillères à soupe de son d'avoine, À VIE.

4. L'apport du PLAISIR comme antidote de la restriction.

La vie, quel que soit son niveau de complexité, prend en compte l'appel du plaisir et la répulsion du déplaisir.

À chaque instant, sans que vous vous en rendiez compte, une boussole cérébrale, chiffre le coût du moindre projet de comportement qui vous sollicite. Si je fais ceci, quel plaisir en tirerais-je ? Ne vaut-il pas mieux faire cela qui me rapporterait tout autant mais plus vite ? Peut-être, mais cela engendrerait telle conséquence gênante, frustrante voire douloureuse qui ruinerait ce choix...

D'autre part, l'anatomie du cerveau et l'imagerie cérébrale ont permis de découvrir un fait d'une extraordinaire importance : les liens de connexion entre les centres du plaisir et ceux du déplaisir, le premier pouvant inhiber le second. Cela signifie rien moins que, LA SOUFFRANCE PEUT ÊTRE RÉDUITE PAR L'USAGE DU PLAISIR. Et vous comprendrez mieux si j'en tire une conséquence que vous connaissez tous en pratique : lorsque le stress vous assaille, vous avez envie de mettre en bouche et de faire passer sur votre palais puis de laisser descendre sur votre pharynx des aliments plus gratifiants et jouissifs que d'autres et vous en gorger pour vous faire du bien. C'est un peu comme si, en plein hiver et souffrant du froid, vous entriez dans une pièce chauffée par un radiateur, je sais parfaitement dans quelle direction vous conduirait votre cerveau du plaisir !

Revenons à vous. Grossir, c'est manger au-delà de ses besoins nutritionnels pour fabriquer du plaisir. Maigrir, c'est faire le chemin inverse, c'est accepter la frustration pour perdre du surpoids.

Il est possible, il est même essentiel de s'efforcer de sublimer ce qui, dans un régime est autorisé pour l'enluminer et l'habiller de plaisir. Y a-t-il quelque chose de plus rustique et froid qu'un sapin fraichement coupé ? Qu'y a-t-il de plus chaleureux, symbolique et épanouissant qu'un arbre de Noël ? Quelques banderoles, loupiottes et paillettes y ont suffit !

Mes 350 recettes doivent devenir les banderoles, loupiottes et paillettes de l'axe dur de votre régime. Ces 350 recettes représentent un savoir faire magique qui provient de ce qui, après ma famille m'est le plus cher au monde, mes patientes, mes lectrices, les partisans enthousiastes de ma méthode qui au fil des années m'ont témoigné leur affection. Ce petit trésor doit être utilisé comme un générateur de plaisir, preuve pratique de ce que j'avance : l'art de trouver du plaisir et de créer de la chaleur pour affronter le froid du déplaisir.

Quand ma fille Maya m'a ouvert la voie du son d'avoine, elle ne savait pas qu'elle me confiait un secret que des milliers d'autres femmes partageraient. En trente-cinq ans de confrontation avec les affres du surpoids, j'en ai perçu ses malaises, ses insécurités, ses angoisses, ses stress et ses souffrances. Grossir fait mal et maigrir fait du bien. Et faire du bien fait du bien. C'est pour cette raison que pendant les trente-cinq ans de ma vie professionnelle, j'ai tout fait pour faire maigrir mes patients afin, les sachant joyeuses, de me nourrir de leur plaisir et de leur épanouissement. De l'égoïsme à l'état pur !

En conclusion, pour revenir au son d'avoine et au plaisir qu'il est à même de dispenser, il est de trois ordres :

– Dans le cadre de mon régime, il en améliore l'efficacité et donc le plaisir de maigrir. Cette efficacité est clairement établie par mes statistiques comparatives avant et après son introduction dans le corpus de ma méthode. On maigrit mieux, plus vite et avec de meilleures chances de stabilisation avec le son que sans.

– Le son d'avoine est bon au goût, tout simplement et comme tel génère du plaisir. Il permet de confectionner des plats et des préparations à base de sucres lents très appréciées sans en redouter les inconvénients caloriques et métaboliques.

– Le son d'avoine réduit l'appétit et accélère la production de la satiété. Sa présence dans mon régime, déjà ouvert sans restriction de quantités aux aliments riches en protéines et aux légumes, lui confère le plaisir luxueux de maigrir à l'abri de la faim.

Comment utiliser le son d'avoine dans le registre du surpoids ?

Le plus simplement du monde.

Si vous êtes dans ma phase d'attaque, de un à sept jours selon les cas, le poids à perdre, l'âge, l'historique de votre surpoids, son ancienneté, le nombre de régimes suivis, le besoin de démarrer vite ou non, vous avez droit à 1,5 cuillère à soupe bien bombée de son d'avoine.

En phase de croisière, vous pouvez passer à deux.

En phase de consolidation, vous pouvez passer à trois.

En stabilisation définitive, vous DEVEZ passer à trois.

En ce qui concerne le mode de préparation, vous avez le choix et vous trouverez toutes les recettes en fin d'ouvrage.

II

Aliment santé

1

Son d'avoine, cœur et cholestérol

Le son d'avoine est l'aliment naturel connu le plus efficace pour abaisser le taux de cholestérol.

C'est le seul aliment américain autorisé à revendiquer sur son emballage : « Bon pour le cœur ».

C'est le premier aliment à avoir reçu le titre d'alicament – aliment médicinal – par la très sévère institution américaine *Food and Drug Administration*.

Voilà trois éléments que j'ai placés en exergue de ce chapitre pour attirer votre attention sur cette propriété magistrale.

J'aimerais au passage attirer votre attention sur le fait que cet aliment, aussi bénéfique soit-il, est très mal distribué.

Savez-vous pourquoi ?

Parce qu'il est trop bon marché ! Insuffisamment coûteux et occupant trop de place sur un rayonnage. Un kilo de son d'avoine ne coûte que quelques euros et occupe la place de quinze à vingt boîtes de compléments alimentaires. Sa commercialisation n'intéresse personne alors qu'il s'agit d'un aliment si précieux et si protecteur qu'il devrait être remboursé par la Sécurité sociale !

Donc je le répète, si j'ai pris le temps d'écrire un ouvrage sur les bienfaits de cette modeste céréale, c'est que, sur le simple registre du cœur et du diabète, toutes actions confondues, le son d'avoine peut participer à la prévention d'une mort sur deux en pays riche.

Revenons au cholestérol. Vous avez probablement entendu parler de cette substance qui encrasse les artères. Vous la verrez inscrite sur de nombreux étiquetages d'aliments indiquant sa présence. Cela ne doit surtout pas banaliser son rôle et ses dangers.

Il s'agit tout simplement aujourd'hui en Occident d'un véritable ennemi public responsable de presque la moitié de la mortalité. Globalement, en éliminant pour la démonstration les causes de mortalité secondaires, on a une chance sur deux de mourir du cœur et l'autre du cancer. Et dans les maladies liées au cœur, le cholestérol joue toujours son rôle fatal...

Cela pour vous dire que je n'attire pas votre attention sur un risque mineur ou occasionnel. Certains penseront pour se rassurer que le danger du cholestérol concerne exclusivement les personnes âgées. Or, les jeunes en sont tout autant atteints. Le cholestérol obture les artères, et parmi les artères les plus concernées, ce sont, hélas, celles du cœur qui détiennent la palme, ces tristement fameuses coronaires dont l'obturation est responsable de l'infarctus ou de l'angine de poitrine, mais aussi celles du cerveau responsables d'accidents vasculaires cérébraux.

Aujourd'hui, peu importent votre âge et votre sexe, soyez assuré qu'il s'est déjà déposé un peu de cholestérol dans vos artères, tout comme il y a du tartre sur vos dents. Nous sommes donc tous concernés par ce tueur silencieux et bonhomme camouflé derrière des aliments aussi banals qu'une omelette, une entrecôte ou du gruyère.

À partir de l'âge de vingt ans, il est bon de faire tous les cinq ans un dosage de routine. Car rien n'est plus grave qu'un dépôt méconnu et prolongé.

À partir de quarante-cinq ans, il vaut mieux le faire chaque année surtout si les dosages récents sont excessifs.

Enfin, puisque nous pistons le plus efficace *serial killer* de l'histoire occidentale, vous devez en savoir un peu plus sur ce personnage inquiétant. Sachez ainsi que lorsque l'on parle de cholestérol sans mention supplémentaire, il s'agit du cholestérol « total » comprenant le « mauvais » cholestérol mais aussi le « bon ».

Le mauvais, c'est le visqueux, celui qui colle et qui encrasse les artères. À chaque tour de manège cardiaque, lorsque le sang part de l'aorte pour revenir par l'artère pulmonaire, se dépose une infime quantité de cholestérol.

Ce mauvais cholestérol, c'est vous-même – votre foie – qui le fabriquez, mais à partir de graisses animales terrestres, celles provenant des animaux que nous élevons, parquons et engraissons, puis tuons pour les consommer, et qui se vengent *post mortem* en nous empoisonnant.

Le bon cholestérol, c'est exactement l'inverse, à la fois l'antagoniste et l'antidote du premier. Son action se compare à celle du détergent – ennemi patenté du gras.

Pour résumer, le mauvais cholestérol encrasse vos artères et le bon cholestérol les décrasse ! Si vous avez la chance de fabriquer du bon cholestérol, vous pouvez tolérer des taux bien plus élevés de cholestérol total. Pour élever la teneur de ce cholestérol dans votre sang, il vous faut :

– Consommer du poisson.
– Faire de l'exercice.
– Boire un à deux verres de vin par jour.
– Et surtout, cesser de fumer.

Voilà l'essentiel de ce que vous devez savoir sur le cholestérol.

Si, comme la plupart des gens, vous vous battez dans la vie pour obtenir un diplôme, un avancement, une promotion et tant d'autres objectifs auxquels vous accordez une haute importance, alors, écoutez-moi un instant vous parler de ce son d'avoine qui peut vous faire gagner infiniment plus.

Le cholestérol est en grande partie fabriqué dans le foie. Il emprunte les voies biliaires jusqu'à l'intestin. Comme tous les corps gras, il passe dans le sang et, de là, tourne et tourne, partant du cœur pour y revenir, nuit et jour, tout au long de la vie.

Observons-le lors de son passage dans l'intestin grêle. Il se mêle au bol alimentaire, dans ce fameux jus nutritif, produit final du traitement chimique des aliments.

Si vous êtes un consommateur régulier de son d'avoine, votre bol intestinal en est imprégné et au contact de ses fibres solubles, le cholestérol se comporte de la même manière que sur les parois des artères. Il va les imprégner, se coller à elles et s'infiltrer dans leurs vacuoles microscopiques.

Et comme ces fibres attrape-tout ne sont pas assimilables par l'organisme humain, elles traverseront l'intégralité de l'intestin grêle, passeront dans le gros côlon, et finiront dans les selles, emportant avec elles la partie du cholestérol qui aura ainsi résisté à l'appel du sang et à sa puissante aspiration.

On estime que le son d'avoine, consommé régulièrement et en quantité suffisante, peut réduire le cholestérol sanguin d'origine alimentaire de 15 %. Soit une efficacité quasi équivalente à celle de certains grands médicaments de l'hypercholestérolémie.

Attention ! Si le son d'avoine est un moyen avéré de réduire le cholestérol, cette réduction est souvent insuffisante, tout spécialement quand le mal est déclaré et que l'on constate des taux déjà élevés et d'autant plus menaçants que les dépôts sont anciens et n'ont jamais été traités.

Si votre médecin vous a prescrit des statines ou des fibrates, ne les réduisez pas sans son accord.

En revanche, le son d'avoine est une véritable solution pour ceux dont le taux de cholestérol est à la limite de la pathologie, et ce d'autant qu'il s'agit de sujets jeunes. Il est rare qu'une tendance au cholestérol ne s'aggrave pas avec le temps, un temps précieux au cours duquel les dépôts sont cumulatifs.

Il faut également recommander le son d'avoine à ceux dont les dosages sont encore normaux mais qui ont des antécédents de cholestérol familial ou d'incident cardiaque ou cardio-vasculaire.

Le son d'avoine est donc, vous l'aurez compris, autant curatif que préventif.

Et si votre tendance au cholestérol s'accompagne de surpoids, vous bénéficierez doublement des bienfaits du son d'avoine.

Considérez donc cette humble céréale comme une amie qui vous veut du bien. Je pèse mes mots : qui peut même vous sauver la vie ! Alors consommez-en sous la forme qui vous plaira, dans du lait, dans du yaourt ou du fromage blanc. Faites-en des galettes, des crêpes ou des blinis, mais bien évidemment, s'il s'agit de l'indication cholestérol, jamais avec l'œuf entier, seulement le blanc.

Apprenez jour après jour à aimer le son et adonnez-vous à lui car si vous avez une tendance au surpoids ou au cholestérol, elles ne vous laisseront jamais en paix.

Si vous voulez renforcer son efficacité, confectionnez vos blinis avec quelques graines de lin ou de sésame et consommez-les avec une belle tranche de saumon fumé ou avec un filet de sardine à l'huile d'olive. Vous cumulerez les effets du son, de l'acide linolénique du sésame, des graisses de poisson des mers froides et des bienfaits de l'huile d'olive.

2

Son d'avoine et diabète

Voilà encore, tout comme dans le cas du surpoids et du cholestérol, une nouvelle indication parmi les plus remarquables du son d'avoine, celle qui consiste à ralentir la pénétration des sucres dans l'organisme.

Toujours en vertu de la solubilité extrême de ses fibres, le son d'avoine, mêlé à d'autres sucres rapides, a la capacité de réduire leur vitesse de progression dans le tube digestif et de pénétration dans le sang.

Ce ralentissement commence dès sa mise en bouche et son imprégnation de salive, avant la lente traversée de l'estomac jusqu'à l'arrivée dans l'intestin grêle, lieu stratégique puisque c'est là que les aliments, réduits à leurs composants élémentaires, deviennent assimilables. Une fois arrivé dans l'intestin grêle, le son va une nouvelle fois exercer son rôle d'écran entre le bol intestinal et la paroi du grêle.

Voyons en quoi cette propriété du son d'avoine peut s'avérer précieuse pour le diabétique.

Dans l'inconscient collectif, le diabète est une maladie historique inquiétante mais fort heureusement cantonnée aux vieillards moribonds. Cette vision des choses est bien sûr caricaturale puisqu'il y a des diabétiques de tout âge.

Cela étant, le diabète est une affection qui met un certain temps à se développer, mais dans ce cas cette maladie, dramatiquement silencieuse, est prise en considération seulement lorsque le mal est fait, que ce mal est profond, diffus et qu'il est souvent trop tard pour endiguer le processus.

Dans la profondeur médiane de votre abdomen, vous possédez un organe nommé pancréas. Ce dernier intervient dans la digestion mais pour ce qui nous intéresse ici, c'est ce pancréas qui sécrète l'insuline, une hormone clef de la physiologie humaine.

Lorsque vous vous mettez à table, vous consommez des aliments qui doivent contenir une part notable de glucides, ou hydrates de carbone. Il s'agit du nutriment carburant par excellence au sein duquel on distingue trois grandes sous-familles. Elles se distinguent par l'assemblage de leurs éléments de base et par les conséquences que cela entraîne sur la vitesse et l'intensité de leur assimilation par l'organisme.

La première est la famille des sucres lents, les glucides dits complexes car composés de chaînes de molécules suffisamment longues et soudées pour que leur désintégration en éléments de base s'étale dans le temps et soit responsable d'une assimilation progressive et donc lente. Vous les connaissez sous le terme familier mais impropre de féculents, terminologie que l'usage a fini par consacrer.

On y trouve les céréales – le blé, le riz, le maïs, le seigle, l'avoine, etc.

On y trouve aussi les tubercules dont le plus courant, en France, est la pomme de terre.

Et enfin les légumineuses, lentilles, haricots, tous les pois, fèves, etc.

Une deuxième famille de sucres, moins complexes et donc un peu plus faciles à décomposer, est fournie par les fruits. Le sucre des fruits est le fructose, un sucre nécessitant un moindre démantèlement et qui passe, de ce fait, plus facilement et plus rapidement dans le sang. Lorsqu'il est consommé sous sa forme naturelle de fruit et non en jus, il est légèrement ralenti par les fibres contenues dans la peau et la pulpe du fruit. Des sucres de structure assez voisine sont fournis par le lait. Il s'agit du lactose dont la progression est légèrement plus lente.

La troisième famille des sucres est celle des sucres rapides – les sucreries – de structure et d'assemblage encore plus simples dont le plus connu et utilisé est le saccharose, le classique sucre blanc de table.

Depuis cinquante ans, la consommation de ce sucre industriel augmente régulièrement dans tous les pays occidentaux au détriment des légumes et du pain. On peut constater cette augmentation dans tous les secteurs de distribution. Pourquoi ?

Pour deux raisons. D'abord parce que c'est le seul nutriment au monde à posséder le goût sucré, une saveur pour laquelle nous avons une attirance innée que notre éducation ne fait que renforcer et d'autre part en raison de sa rapidité de pénétration. En consommant un aliment riche en sucre, nous obtenons du plaisir de bouche et un effet de contentement immédiat par action subtile sur certains médiateurs chimiques comme la sérotonine, plus connue sous son appellation d'hormone du bonheur. Le plaisir procuré par le sucre, intense et rapide, explique très facilement que ce type de nutriment soit l'aliment de compensation le plus courant. Et qui dit plaisir, dit « satisfaisance » et chimie cérébrale de contentement et d'entretien de l'appétence à vivre.

Autrement dit, le plaisir et sa répétition dans notre quotidien est intimement lié à l'énergie vitale. Il est donc impensable voire dangereux de prétendre domestiquer ou réduire notre besoin de petits plaisirs journaliers...

Dans cette famille de sucres rapides, vous reconnaîtrez les bonbons, les friandises et tout ce que l'on désigne habituellement sous le terme ambigu et révélateur de « douceurs ».

Le plus rapide de tous les sucres rapides est le glucose qui entre dans notre sang « comme s'il était chez lui », et pour cause, c'est notre carburant naturel, celui que l'on teste en dosant la glycémie.

Voilà donc les trois familles de sucres de la grande catégorie des glucides.

Chacune d'elles a une saveur, une consistance et une apparence très spécifiques mais la digestion finit par toutes les réduire en éléments de base identiques. Ils finissent tous dans le sang mais leurs différentes résistances au démantèlement les amène en ordre dispersé au contact de la paroi de l'intestin grêle.

La teneur du glucose dans le sang – la glycémie – s'élèvera plus ou moins brusquement selon la nature de ces sucres et donc des aliments qui les procurent. L'élévation de la glycémie dépend de la vitesse de progression de ces sucres dans le tube digestif et surtout de leur assimilation.

C'est dans ce contexte qu'intervient l'insuline.

Lorsque le repas est riche en glucides, surtout si ces glucides sont de pénétration rapide et massive, la glycémie s'élève vite et fortement. L'organisme supporte mal cet excès de glucose circulant dans le sang qui finit par devenir toxique. Cette toxicité est d'autant plus menaçante que la vocation du sang est d'apporter glucose, énergie et oxygène dans tout l'organisme et il n'est aucun organe que ce sang riche en sucre ne risque d'altérer.

Dès que la glycémie s'élève au-dessus de 1 g par litre, l'organisme réagit et le pancréas sécrète de l'insuline. Cette hormone a pour mission de chasser le glucose contenu dans le sang vers ses deux lieux de stockage naturels : le foie et les muscles.

Le foie le met en réserve sous forme de glycogène immédiatement disponible, ce qui permet d'éviter les ruptures d'approvisionnement liées à des consommations variables selon les activités et les individus.

Les muscles, quant à eux, sont les premiers consommateurs de glucose de l'organisme. Ils ont la capacité d'en stocker suffisamment pour faire face aux dépenses énergétiques courantes.

Chez le diabétique, les choses se passent différemment. Son pancréas est génétiquement fragile et vulnérable. Intolérant au glucose, il réagit de manière excessive à sa présence dans le sang. Il sécrète ainsi de trop brusques et importantes quantités d'insuline qui le fatiguent. Avec les années et une alimentation trop riche en sucre, un pancréas, aussi souvent et massivement sollicité, ne peut que s'épuiser.

En des temps de pénurie, lorsque l'alimentation était frugale et l'espérance de vie faible, de tels pancréas n'avaient que rarement l'occasion et le temps de laisser transparaître leur fragilité et les complications qu'elle occasionnait.

Statistiquement, le pancréas du diabétique gras commence à se dérégler à la cinquantaine. En l'absence de traitement, des complications majeures apparaissent ensuite dans les cinq ans qui suivent. Comme l'espérance de vie fut très longtemps inférieure à cinquante-cinq ans, la morbidité et la mortalité du diabète étaient peu alarmantes.

Aujourd'hui, la situation du diabétique est tout autre et infiniment plus menacée. La consommation des sucres rapides a littéralement explosé, l'activité physique est pratiquement éradiquée et l'espérance de vie a presque doublé en un siècle.

Pour satisfaire aux impératifs de production et chercher par la séduction de l'offre à attirer le maximum de consommateurs, l'industrie agroalimentaire exploite la large gamme des saveurs sucrées comme argument de marketing, pour confectionner des produits de plus en plus sensoriels, gratifiants et séduisants. Cette conquête du public commence par l'enfant, très proche de sa dépendance génétique au sucre. Depuis les années 1960, chaque saison voit apparaître de nouveaux produits faisant la part belle aux sucres rapides, aux céréales raffinées, au lait transformé : pain blanc, viennoiseries, sucreries, desserts lactés, glaces, sans compter la gamme infinie des corn flakes et des sodas... Tous sont bien entendu lancés à grand renfort de publicités mettant en avant le lien sucre/plaisir, sucre/bien-être, sucre/récompense.

C'est dans une telle conjoncture d'abondance, de sédentarité et de sollicitations que se révèlent des faiblesses génétiques.

Dans la perspective préventive offerte par le son d'avoine, il faut garder en mémoire que la fragilité du pancréas et la prédisposition au diabète sont familiales et se transmettent génétiquement. Il y a donc des familles de diabétiques et c'est pour elles qu'il faut, dès le plus jeune âge, mettre en place les mesures de prévention et de protection. Et même s'il ne s'agit que d'une probabilité de transmission – car il est toujours possible, comme pour la couleur des yeux, de tenir du parent indemne –, des mesures de prévention sont nécessaires. Elles doivent être expliquées et proposées de manière souple et peu contraignante sur la durée pour seulement alléger la tâche du pancréas. Plus la prévention est instaurée tôt, plus elle aura d'efficacité. Il est même possible de vivre une vie entière sans que se déclare la maladie.

Cette prévention doit s'articuler autour de deux axes

Tout d'abord, en limitant l'utilisation des sucres rapides et à goût sucré à leur statut d'aliment-récompense qui, chez un diabétique, doit rester occasionnelle.

Il n'est en aucun cas question de les interdire et encore moins de les diaboliser mais seulement d'en réguler la consommation.

Il est évident qu'une simple prévention doit laisser à l'enfant ou à l'adolescent une liberté de consommer les aliments fétiches de son âge. Il s'agit de lui faire comprendre que cette liberté doit être surveillée et surtout expliquer pourquoi, en s'appuyant sur le cas du diabète du parent touché.

Aujourd'hui, l'alimentation humaine est devenue « diabétogène », l'accès aux saveurs extrêmes est non seulement banalisé mais la concurrence entre grands groupes d'industrie agroalimentaire conduit à mettre en avant la saveur douce comme outil de marketing – tout comme pour le salé, le gras, les colorants et la séduction du packaging – sans se préoccuper de ses conséquences sur les individus d'une espèce qui, non seulement n'y est pas préparée, mais qui est au contraire programmée pour ne pas pouvoir y survivre.

L'éducation à l'autolimitation en sucres rapides doit être contrebalancée par une liberté d'usage des sucres lents auxquels la très grande majorité des enfants et des adolescents est attachée.

L'occasion est excellente de faire passer par les parents les bons messages relatifs aux différences entre les nombreux membres de la famille des féculents.

Il est important de faire comprendre aux jeunes générations le devenir des aliments qu'ils mettent en bouche, qu'ils digèrent et laissent entrer dans leur sanctuaire ultime, leur sang. De la même façon qu'il est utile de leur expliquer comment leur corps utilise ces sucres qui se comportent aussi différemment dans notre moteur corporel que de l'essence ordinaire, du super ou du gas-oil dans un moteur à combustion.

Les adolescents et les enfants ne sont pas aussi réfractaires à la diététique qu'on veut bien le dire. J'ai eu de nombreuses occasions de m'adresser à des lycéens et à des étudiants de tous niveaux et j'ai été frappé de l'intérêt qu'ils portaient à ce qu'ils mangeaient.

Je me souviens d'une conférence dans une classe de terminale où le proviseur m'avait fait part de son scepticisme sur l'implication et l'intérêt potentiels que j'y rencontrerais. Trouvant la classe assez agitée, j'ai demandé à ceux qui avaient dans leur famille un parent diabétique de bien vouloir lever la main puis à ceux dont le père ou la mère avait eu un problème cardio-vasculaire, infarctus ou accident cérébral d'en faire autant et enfin à ceux dont un proche avait été confronté au cancer de se signaler également.

En un éclair, près de la moitié de ces adolescents avait la main levée. L'attention était éveillée. Mon objectif était de les sensibiliser aux façons de se prémunir contre ces risques familiaux, et ce, grâce à une bonne alimentation. Je peux témoigner de leur attention et de leur intérêt.

Le hasard a voulu que dans cette classe il y ait eu un adolescent diabétique et quelques autres dont les parents avaient beaucoup souffert de leur pathologie négligée. Je pense sincèrement que la prévention ne peut être efficace que si l'on fait appel à l'instinct et à l'affect, qui doivent prendre le pas sur la rationalité et les démonstrations savantes ou trop abstraites.

Le deuxième axe de prévention tient dans la promotion de l'activité physique.

Et là encore non pas en termes scolaires, imposés, mais en expliquant pourquoi le fait d'utiliser son corps améliore grandement son fonctionnement, son apparence et sa tonicité.

Il faut faire comprendre au diabétique que ses muscles ont perdu la faculté de recueillir le trop-plein de sucre du sang et que c'est pour cette raison que leur glycémie s'élève jusqu'à en devenir toxique. Pour permettre aux muscles de retrouver cette faculté, le diabétique doit les faire travailler régulièrement. Un exemple qui fait toujours mouche : un muscle travaillé en force brûle des calories bien plus qu'on ne le pense (en moyenne, trente minutes de marche rapide brûlent 144 calories, trente minutes de roller 216 calories, trente minutes de vélo 340 calories, et si vous avez le courage de monter des marches pendant une demi-heure 460 calories !). Mais savez-vous ce qui se passe à l'arrêt de l'exercice ? Pendant soixante-douze heures, le muscle continue de fonctionner, certes à bas bruit mais vingt-quatre heures sur vingt-quatre, jour et nuit, y compris pendant votre sommeil. Et ce travail est proportionnel à la taille du muscle. Donc, tant pour maigrir que pour contrôler un diabète, il est capital de solliciter ses muscles et d'en développer la masse.

Ces mesures de prévention sont à prendre au sérieux afin d'éviter le cauchemar des diabétiques qui doivent vérifier régulièrement le bon fonctionnement de la plupart de leurs organes dont les plus menacés sont le cœur, les yeux, les reins et le système nerveux.

C'est dans cette même optique préventive que le son d'avoine peut révéler son incroyable efficacité. Comment ?

Dès sa mise en bouche, il forme avec les aliments un grand filet gélatineux qui les infiltre et les englue à mesure qu'ils sont broyés et liquéfiés. Dans l'estomac, déjà mêlé à eux, il ralentit leur progression en retardant l'ouverture inférieure du pylore et avec eux il subit le broyage mécanique et l'acidité locale. Le pylore ne s'ouvre que lorsque le contenu de l'estomac broyé et liquéfié est suffisamment filant et fluide pour en sortir.

Et c'est encore une fois dans l'intestin grêle que l'action spécifique du son va s'exercer. Les sucres rapides, premiers arrivés, vont être immobilisés et retenus dans les mailles fines et adhésives de ses filets.

Dans ces conditions, l'appel du sang avide de son sucre nourricier relayé par la puissante aspiration de l'intestin grêle finira par déloger et aspirer une grande partie de ces sucres mais bien moins rapidement qu'en l'absence de son d'avoine. Une petite partie des sucres, trop bien accrochée, résistera et finira, après un long transit dans le gros côlon avec les fibres, dans les selles.

Ainsi, le son d'avoine, non seulement retarde d'un bout à l'autre du tube digestif la progression des sucres, étale son assimilation et son passage dans le sang, mais en élimine purement et simplement une quantité modeste mais néanmoins appréciable.

Résultat : la présence du son d'avoine transforme tout simplement des sucres rapides en sucres lents. Il évite ainsi les pics massifs de glycémie qui « cognent » le pancréas en le forçant à sécréter sous le fouet des quantités massives d'insuline qui, à la longue, finissent par l'épuiser. De plus, il faut savoir que l'insuline, outre son action frontale et spécifique sur le sucre, excite l'appétit et favorise le stockage des graisses, facilitant ainsi la prise de poids. Et comme le surpoids fait le lit du diabète et l'aggrave, nous sommes dans un cercle vicieux propice à la montée en puissance du diabète, du surpoids et, dans leur double sillage, des complications cardio-vasculaires.

Attention ! Il convient de lever toutes les ambiguïtés. Le son d'avoine n'a pas vocation à régler seul le problème du diabète. À ce jour, quand le diabète est déclaré, il existe une batterie de médications que nous conjuguons pour maintenir la glycémie en deçà de concentrations toxiques. Aucune de ces médications ne guérit du diabète mais leur conjonction tente d'en retarder l'évolution et, avec elle, l'apparition des complications.

Le seul vrai traitement intelligent est la prévention. C'est précisément parce que à ce jour le diabète est encore incurable que dans les familles de diabétiques où l'on sait que le terrain est favorable, durant cette période de latence de la première moitié de vie où les médications ne sont d'aucune utilité, tout se joue entre l'alimentation et l'activité physique. Et dans ce front de résistance réservé à l'alimentation, le son d'avoine est un allié majeur.

La meilleure indication du son d'avoine est au moment du lent décollage du diabète. Lorsque, pour la première fois, au cours d'un bilan sanguin, dans une famille à antécédents diabétiques, la glycémie atteint et dépasse 1,10 g par litre et que ce dosage est confirmé pendant six mois, le son d'avoine, peut, à lui seul, retarder l'évolution du diabète naissant, voire l'endiguer si tout est mis en œuvre, activité physique comprise.

Comment ? À quelle dose et à quel rythme ?

D'emblée, à la dose maximum, sous n'importe quelle présentation : dans des laitages ou sous forme de galettes, de crêpes, de blinis, de pâte à pizza. Un minimum de trois cuillères à soupe par jour.

Pour en optimiser les effets, la meilleure posologie est de une le matin, deux à midi et deux le soir.

L'idéal est de consommer le son d'avoine au cours du repas pour bien le mêler aux aliments. Là encore, pour ceux qui l'utilisent sous forme de crêpes, éviter le jaune de l'œuf pour ne conserver que le blanc.

Enfin, comme le diabète peut être associé au surpoids et au cholestérol, le son d'avoine trouve dans cette association à risque très élevé son indication majeure.

En conclusion, soyez vigilant : si vous êtes jeune et non diabétique mais d'une famille ou l'un des deux parents est diabétique, considérez le son d'avoine comme un ami, je ne le répéterai jamais assez. Si en revanche votre hérédité est bilatérale, ne pas en consommer n'est plus une sottise, mais une faute.

Il est aujourd'hui prouvé que le son d'avoine ralentit la progression des sucres rapides. En l'incluant à dose suffisante dans votre alimentation, vous n'avez rien à perdre et tout à gagner. Si vous démarrez tôt l'utilisation régulière du son, je suis persuadé que vous vivrez plus vieux et en meilleure condition.

3

Son d'avoine et cancer

Le son d'avoine peut participer de deux façons à la prévention : grâce à son action sur le surpoids et par conséquent sur le cancer du côlon.

Des études et statistiques faites au niveau mondial ont établi une corrélation sans appel entre le surpoids et le cancer. Tout ce qui peut améliorer la réduction de l'obésité influe donc sur la fréquence globale du cancer.

Et par son action locale d'écran, comme pour certaines autres fibres de bonne tolérance, le son exerce sa protection sur les cancers digestifs et tout particulièrement sur le cancer du côlon, l'un des plus fréquents chez l'homme.

On sait depuis les travaux de nombreux épidémiologistes internationaux que dans les pays où l'on consomme beaucoup de céréales et, par extension, de fibres végétales, la population est nettement moins touchée par le cancer du côlon que dans les pays où l'industrie agroalimentaire, très sophistiquée, raffine les céréales et réduit leur teneur en fibres.

L'occasion est bonne de s'intéresser au rôle tenu par les producteurs de l'industrie agroalimentaire, les décideurs de la grande distribution et les publicitaires dans le mode de vie alimentaire du consommateur moyen.

Ces trois intervenants, qui gouvernent nos approvisionnements, orientent nos besoins et formatent bien souvent nos désirs et nos goûts, ont vocation commerciale à poursuivre deux objectifs simples : produire toujours plus et trouver des consommateurs.

Consommer est un comportement qui structure et modèle notre vie quotidienne. Nos besoins fondamentaux, ceux qui assurent notre survie et notre reproduction – notamment l'accès facile à la nourriture – sont assurés pour la grande majorité des Occidentaux depuis plus d'un siècle. Ainsi, la faim est quasiment éradiquée dans nos pays d'abondance.

En revanche, de nombreux autres besoins non liés à la survie mais à la qualité de la vie, au bonheur et à l'épanouissement sont devenus infiniment plus difficiles à satisfaire.

La sexualité s'est appauvrie dans la perte de complémentarité des sexes.

L'univers du travail s'est dégradé et parcellisé.

L'habitat se mesure en mètres carrés, le foyer n'est plus le centre de gravité de la famille.

L'appartenance au groupe est devenu un esclavage de masse ne se composant plus d'individus familiers et solidaires.

Le plaisir instinctif du corps à agir pour vivre s'est laissé déposséder par les machines.

Le besoin de nature, de terre, de mer, de forêts, de ciel dégagé, d'animaux a perdu une grande part de sa capacité à épanouir l'homme.

Le besoin de jouer pour se développer, apprendre la vie, se réduit le plus souvent à l'univers passif de la télévision.

Quant au besoin du sacré, après avoir participé de toutes les sociétés et civilisations humaines, il déserte la nôtre, rapetissant nos destins et le sens de notre existence.

Et le besoin du beau, si proche du sacré, a fait place au culte de l'utile, à la spéculation, au « marché de l'art » !

Tous ces besoins et plaisirs qui distinguent l'homme ne sont pas des conquêtes individuelles ou culturelles mais sont inscrits en nous.

Aujourd'hui, ils sont supplantés par d'autres besoins, purement économiques : les besoins de société.

Aujourd'hui, notre mode de vie tend à contrecarrer les satisfactions naturelles, gratuites au profit de celles, artificielles et superficielles, mais qui se vendent.

En ce qui concerne l'alimentation, l'offre est d'une abondance extrême, sans cesse renouvelée pour échapper au rassasiement de l'homme gavé. Les outils d'addiction font appel à des saveurs toujours plus intenses qui se rapprochent des psychotropes tant leur action cérébrale est puissante. De plus, ces produits sont mis en scène pour être aussi magnétiques, sexy et alléchants que possible. Même les fruits et les légumes sont massivement traités pour être lisses, brillants, calibrés et à l'abri de toute imperfection. Sinon, ils n'intéressent personne ! Les légumes « tordus », les fruits tachés ou simplement d'une couleur qui semble suspecte à nos yeux d'hommes aseptisés, bref, les légumes et les fruits tels que les consommaient nos ancêtres sont inexorablement détruits.

Dans cette conquête d'artifice et de lissage, tout ce qui fleure le naturel ou le rustique est ghettoïsé et refoulé en niche « Bio ». Pour la grande consommation, il faut des aliments domestiques, dociles et doux sous la dent.

D'où le pain blanc, le pain du riche : la baguette moulée. Adieu, farine grossière du paysan ! L'homme moderne a été dressé pour aimer le pain de ville du riche, le pain préparé avec de la farine blanche privée de la trame naturelle de ses fibres. Il en va de même de tous les farineux à statut industriel : pâtes, riz précuits, purées, etc.

Depuis un siècle, pour satisfaire des impératifs de production, ou utilise chaque année un peu plus d'aliments raffinés, appauvris et dénaturés, riches en pesticides, en colorants, additifs, agents de texture, exhausteurs de goût. On obtient ainsi des produits sans texture ni déchets naturels mais riches en produits de synthèse, en allergènes de toutes sortes qui polluent notre système digestif. Le côlon accumule des produits trop raffinés et voit son transit se ralentir. Les matières et déchets stagnent tandis que les produits à risque qu'ils véhiculent s'accumulent et augmentent leur temps de contact avec la paroi intestinale. Parmi ces produits à risque, certains sont même franchement cancérigènes.

Ce qui a pu vous apparaître comme une digression est aujourd'hui, malheureusement, la piste la plus sérieuse expliquant l'augmentation régulière du cancer de l'intestin.

Parallèlement, de très nombreux travaux tendent à prouver que le surpoids et l'obésité développent une action cancérigène, notamment chez les femmes. Les adipocytes, cellules de stockage actif de la graisse, possèdent une action hormonale œstrogénique dont on sait qu'elle peut être mal tolérée par les tissus sexuels féminins, utérus et seins. Or, chez les personnes en franc surpoids et tout particulièrement les obèses, lorsque les adipocytes sont hypertrophiés et ne peuvent plus accueillir de graisse supplémentaire, ils se divisent. Les obèses ont donc non seulement plus de graisse mais plus d'adipocytes et donc plus d'œstrogènes et un risque de cancer féminin accru. Tous les cancérologues le savent et insistent auprès de leurs patients à risque pour obtenir une réduction du poids et de l'obésité.

Le son d'avoine exerce une double action de protection contre le cancer. Action locale de protection de la muqueuse du côlon, et l'autre, plus générale, par réduction du surpoids et de ses conséquences hormonales.

L'action sur le surpoids se déploie sur plusieurs fronts et modes opératoires. Récapitulons :

– Le son d'avoine est rassasiant.

– Il a une saveur et une consistance agréables.

– Il est riche en protéines.

– Il réduit la production d'insuline qui facilite le stockage des graisses.

– Et surtout, il exerce une action de déperdition calorique dans l'intestin grêle par capture des nutriments et des calories qu'il entraîne avec lui dans les selles.

L'ensemble de ces propriétés cumulées permet d'affirmer que le son d'avoine est un aliment qui facilite l'amaigrissement et, par ce biais, exerce une action de protection sur de nombreux cancers.

L'action intestinale directe se déploie, quant à elle, localement. En gélifiant dans le tube digestif et à dose suffisante, le son se mêle aux aliments. Il passe par l'estomac qu'il distend puis parvient dans l'intestin grêle qu'il pille et arrive enfin dans le côlon.

Là, non seulement, il participe au moulage et à la consistance interne des selles mais se dépose également sur les parois du côlon. Il se comporte comme une gaine de protection semi-isolante qui crée un écran entre les produits à risque cancérigènes et la paroi de ce côlon.

On sait aujourd'hui qu'à partir de l'âge de quarante ans une proportion substantielle de la population développe des petits polypes intestinaux, de petites tumeurs bénignes sans gravité mais que les gastro-entérologues enlèvent préventivement. Ils savent que le temps et le contact prolongé de substances à risque ou cancérigènes peuvent transformer ces polypes en cancer.

On estime qu'il faut habituellement sept ans pour qu'un polype à risque devienne un cancer et dans cette estimation du risque, le rôle de l'alimentation industrielle et de la pollution sont pour beaucoup.

Donc pour lutter contre le raffinement extrême des aliments, contre leur teneur de plus en plus élevée en produits suspects ou franchement cancérigènes, trois cuillères à soupe de son d'avoine constituent une sécurisation du bol intestinal et un écran pour la muqueuse du côlon.

En pratique, l'usage du son en prévention du cancer n'a de sens que si l'on a de bonnes raisons de suspecter un risque familial ou territorial. Pour tous les autres cas et en l'absence de facteurs associés, il n'est pas utile, sauf pour les amateurs de céréales rustiques, de vivre et de se nourrir dans la crainte de la maladie.

Infiniment plus alarmant est de constater que le risque de surpoids ne cessera d'augmenter dans les décennies à venir, que le diabète, qui est le meilleur compagnon de l'obésité, est déjà inscrit sur une courbe très ascendante, que le cœur de l'homme occidental, surtout le fumeur et le sédentaire, est devenu un organe à haut risque.

Dans un tel contexte où tous les risques majeurs sont corrélés, le son d'avoine, aliment de résistance à l'ensemble de ces pathologies potentielles, prend sa vraie dimension.

Et comme il ne s'agit ni d'un médicament, ni d'une potion aversive mais d'une des céréales les plus douces et les plus prévenantes, je ne peux que militer pour son introduction dans nos habitudes alimentaires.

4

Son d'avoine et constipation

La constipation est bien une maladie de civilisation, au même titre que le surpoids, le cholestérol, le diabète et même le cancer. C'est de loin la moins préoccupante mais également la plus répandue et elle affecte davantage les femmes que les hommes. Maladie de civilisation à double titre, tant celui du contenu – les aliments – que celui du contenant – l'intestin lui-même –, tous deux participant au ralentissement du transit.

Sur le contenu, les aliments, on retrouve un grand nombre des raisons développées dans les causes du cancer du côlon.

L'alimentation actuelle s'éloigne de plus en plus de l'alimentation naturelle, l'alimentation adaptée à l'homme, à son environnement et sa physiologie originelle. Notre nourriture quotidienne a longtemps appartenu au registre artisanal. Aujourd'hui, 70 % de ce que nous mettons en bouche est d'origine industrielle.

Le processus industriel est mixte, physique et chimique, mais, d'une manière ou d'une autre, il s'accompagne presque inévitablement d'une perte de structure ou de consistance s'apparentant à une prédigestion.

Le thon en conserve, par exemple, est le type même du produit déstructuré : prendre du thon frais, le mettre en boîte, lui faire subir un traitement industriel le ramollit et réduit considérablement sa consistance de poisson à chair très ferme. Il en va de même pour tout type de conserve, y compris les légumes qui voient leur trame disparaître. Une asperge en boîte est plus tendre qu'une fraîche, cela change sa palatabilité – le plaisir pris en bouche – et certains les préfèrent ainsi ; mais ce changement de texture affecte par la même occasion la résistance opposée à la dent, à la digestion et à l'assimilation.

Tout ce qui prépare, cuisine, conserve un aliment lui fait subir un traitement qui en assure sa conservation, son stockage pour une vente différée. De plus, l'impact des additifs, des cuissons prolongées et des salaisons s'additionnent pour briser la résistance naturelle de l'aliment. Enfin, les contraintes de marketing, de consommation facile, de présentation alléchante renforcent encore ces transformations industrielles. L'exemple le plus parlant est celui des jus de fruits ou de légumes du commerce. Un jus d'orange est un liquide issu d'une pression du fruit qui en retient, par filtrage, la trame organique et végétale. Or, c'est précisément dans cette pulpe que sont concentrées les fibres dont le retrait ôte au fruit sa structure, sa consistance et sa résistance.

On peut en dire autant de la plupart des charcuteries, des fromages, des conserves, des farineux, des pâtisseries et des confiseries, des biscottes et des biscuits, qui, comme leur nom l'indique, sont cuits deux fois.

Lorsque vous consommez ces aliments industriels, ils suivent le même parcours digestif que les aliments naturels et subissent l'action mécanique de l'estomac, l'action enzymatique de l'intestin grêle. Dans le gros côlon, là où devraient finir fibres et déchets inassimilables gorgés d'eau, n'arrive qu'un bol pauvre et déshydraté qui n'offre pas suffisamment d'appui aux contractions du côlon pour faire progresser son contenu.

Cette stagnation a pour nom constipation.

En ce qui concerne le contenant – le tube digestif lui-même –, sa motricité et ses sécrétions sont, elles aussi, perturbées par le mode de vie et l'environnement souvent anxiogènes de nos civilisations dites postmodernes.

En quoi la souffrance du civilisé peut-elle ralentir son transit ?

Parce que le tube digestif est avec le dos l'un des organes les plus sensibles au stress et au non-contentement. L'estomac avec ses ulcères psychosomatiques mais, surtout, le côlon, qui, avec la colite, les ballonnements, le météorisme, les flatulences, est une sorte de tambour sur lequel vient résonner chaque contrariété, chaque frustration. Le biologiste sait qu'un rat stressé par une simple pince non douloureuse sur la queue développera en quelques semaines un ulcère de l'estomac.

La colite spasmodique est une affection dont la progression a été fulgurante en quelques décennies. Ballonnements et spasmes génèrent une hypermotricité intestinale douloureuse.

Les intestins sont des muscles circulaires, dont la contraction rythmique douce fait progresser le bol intestinal. Or, l'anarchie contractile, la stagnation crispée et les sécrétions digestives bouleversées génèrent des gaz, des ballonnements, des crampes douloureuses, des borborygmes.

La colite spasmodique crée des garrots qui étranglent en de multiples points le côlon et ralentissent, voire même interrompent son transit. L'origine psychologique de la constipation douloureuse est attestée par l'efficacité des tranquillisants et des antidépresseurs sur ses principaux symptômes.

Les gastro-entérologues considèrent la constipation comme une authentique maladie de civilisation, marqueur des stress générés par l'accumulation des tâches et responsabilités conquises, par les femmes notamment, au cours des cinquante dernières années. De mon côté, j'en dirais tout autant du surpoids.

Et le son d'avoine ?

Naturel, porteur des meilleures fibres solubles connues, le son d'avoine peut, ici encore, prouver sa vocation bienfaisante.

Au sortir de l'intestin grêle où il a réussi à prélever son petit butin de nutriments et de calories, le son, mêlé à ce qu'il reste du bol alimentaire, entre dans le côlon par le cæcum. Il parcourt le côlon d'un bout à l'autre, remonte le long du côlon droit, franchit le transverse et descend le côlon gauche jusqu'à l'ampoule rectale. Là, le son quitte le corps avec les selles.

Tout au long de cette traversée du côlon, ses fibres, de par leur solubilité, sont imprégnées des calories prélevées dans l'intestin grêle, et gorgées d'eau. Le rôle du côlon est d'assécher le bol intestinal pour en faire des selles. Mais l'eau est suffisamment imbibée dans les fibres à vacuoles du son pour résister à ce dessèchement et une partie suffisante de cette eau reste pour humidifier les selles.

Ainsi, grâce au son et à ses fibres, les selles restent humides et malléables. Les contractions du côlon pourront s'appuyer et trouver une résistance suffisante pour les faire progresser.

Voilà comment, de façon entièrement naturelle, le son d'avoine favorise le transit intestinal. Et cette action est très différente de celle qu'exerce le son de blé, si connu pour son action sur la constipation. La différence s'explique par la nature des fibres. Celles du son de blé sont des fibres insolubles et mal imprégnées d'eau. Leur action s'exerce sur le volume des selles et sur l'effet laxatif de ses fibres, contre-indiquées sur tous les côlons sensibles dont elles augmentent le ballonnement, les flatulences et le météorisme douloureux.

En revanche, le son d'avoine, qui se gélifie en solution, exerce une action très douce de simple humidification et de maintien du volume des selles dans les cas suivants :

– Femmes stressées, harcelées par la cadence du mode de vie actuel, s'alimentant de denrées trop raffinées, d'aliments industriels tout prêts à consommer, riz blanc, farine blanche, pain de mie, purées lyophilisées, biscuits, corn flakes, jus de fruits filtrés, autant d'aliments dévitalisés, prédigérés, très éloignés de leur texture naturelle.

– Femmes sédentaires dont la sangle abdominale n'est pas assez tendue et tonique pour appuyer sur les entrailles et les faire avancer.

– Intestin dont la motricité exacerbée se spasme et se crispe sous l'insatisfaction, le stress.

– Contenu alimentaire appauvri par les impératifs de simplification et de rentabilité de la production, vidé de sa structure rustique et naturelle et devenu trop salé, trop sucré, trop gras.

– Contenu trop riche en saveurs affriolantes qui fidélisent un public en recherche de sensations fortes menant à une addiction douce à des aliments de récompense et de gratification qui exclut tous ceux plus naturels et plus conformes à la programmation des origines.

Une telle alimentation témoigne d'un besoin de sensations, trahissant lui-même un besoin alarmant de compenser une insatisfaction et un conflit entre une nature de base humaine et un environnement bouleversé. Cet hiatus entre ses besoins véritables et la vie qu'il mène dans les faits est l'un des problèmes les plus importants auquel est confronté l'homme moderne.

Le monde s'affaire au chevet de l'environnement et de l'écologie. Les institutions, les partis politiques, les gouvernements, les philosophes et les hommes de Dieu eux-mêmes surenchérissent de propositions pour une protection de l'environnement et une production durable. C'est parfait !

Mais qui parle de l'écologie humaine ? Qui se préoccupe de notre capacité d'adaptation exténuée de s'acclimater à un mode de vie toxique, artificiel, dénaturé ? Nous avons joui de la roue, de la fourche ou de la poterie. Nous avons été éblouis par la machine à vapeur, enthousiasmés par l'électricité. Puis sont arrivées les dépendances à des besoins inventés de toutes pièces par les avancées de la technique : l'automobile, le train, le cinéma. Apparurent alors les premières innovations duelles, celles qui apportaient autant de bienfaits que de nuisances : la production de masse, la télévision et même le téléphone qui facilite autant la communication que l'éloignement physique.

Et arrivèrent enfin, et à un rythme accéléré, les « faux » besoins, des innovations de diversion apportant davantage de nuisances que de bienfaits, des sollicitations certes séduisantes mais générant des satisfactions de surface n'agissant pas sur le cœur simple du contentement.

Jamais on ne revient sur une invention. Je plaide et milite seulement pour qu'à côté de l'écologie environnementale apparaisse ce que j'appellerais une « écologie humaine ». Son objet : tout simplement promouvoir le bien-être et le bonheur de l'individu. Cet objectif apparemment utopique est simple : il suffit d'identifier les vrais besoins humains, ceux que nous savons facilement et naturellement satisfaire. Et de commencer par en assurer la satisfaction avant de s'adonner aux autres, qui n'offrent qu'une satisfaction de surface, stimulante par sa nouveauté mais fugace et s'éteignant très vite sans pour autant assouvir le besoin originel.

Le son d'avoine apporte une solution qui fait partie intégrante de cette nouvelle écologie humaine.

Aliment de saveur, aliment rassurant, aliment majeur de protection contre les principaux facteurs de risque pesant sur la vie humaine, aliment se prêtant à la cuisine, aliment de lutte ouverte contre le surpoids, aliment bienfaisant, il apporte son lot de contentement et participe au mieux-être psychologique, au bien-être et, osons le mot : au bonheur.

III

Comment le déguster en 50 recettes

Certains, au vu des impressionnants qualités et atouts du son d'avoine, pourraient penser qu'une telle panacée, à la manière de l'huile de foie de morue, se consomme par raison en se bouchant le nez.

Il n'en est rien : le son d'avoine est non seulement un aliment minceur et quasi médicinal mais encore une denrée de qualité, de goût, de saveur, de consistance qui se prête à diverses préparations culinaires, toutes plus réjouissantes les unes que les autres.

Tout d'abord, attachons-nous à ce qui a trait à la substance elle-même et à son mode d'achat.

Le son est le nom donné à l'enveloppe fibreuse d'une céréale. Tout comme le son de blé est la chemise externe du grain de blé, le son d'avoine est l'enveloppe fibreuse qui entoure le grain d'avoine. Les céréales sont des denrées très convoitées par toutes sortes d'insectes et de parasites. Pour garantir une forte productivité, elles sont traitées par des pesticides pulvérisés par voie externe, ce qui pollue davantage le son que le grain. Le son d'avoine, comme d'autres céréales, fruits et légumes, gagne donc à être cultivé en agriculture biologique avec aussi peu de pesticides que possible. Cependant, compte tenu de sa rareté actuelle, les stocks de son d'avoine biologiques sont insuffisants pour satisfaire les besoins et il faudra attendre la pression économique de la demande pour que de nouveaux agriculteurs s'y attellent. Comptez sur moi pour les y inciter.

En cherchant à vous procurer du son d'avoine, vous découvrirez qu'il en existe de multiples présentations, poids et marques.

Un fait doit vous être connu, le son d'avoine peut exister avec ou sans germe.

Qu'est-ce que le germe ? C'est la petite réserve énergétique qui accompagne la graine. C'est l'équivalent du jaune de l'œuf qui permettra au poussin en développement d'avoir les moyens de subsister. Le germe du grain de blé ou d'avoine joue le rôle du jaune de l'œuf et procure au grain la réserve énergétique nécessaire à sa survie jusqu'à maturité. Vous ne serez pas surpris d'apprendre que cette réserve, concentrée en un faible espace, est riche en graisses.

Si vous êtes dans un projet d'amaigrissement ou de contrôle de poids strict et que vous devez consommer plusieurs cuillères à soupe par jour, le germe est à éviter car il élève la note calorique. Si vous n'en prenez qu'une seule cuillère à soupe par jour ou si vous utilisez le son pour une autre raison que pour le surpoids, vous n'avez aucune raison de l'écarter car le germe d'avoine est composé d'acides gras de bonne qualité et très protecteurs. Et surtout, la présence de ce germe améliore encore la palatabilité et la saveur du son.

Certaines personnes ne font pas la différence entre les deux sons d'avoine, certains préfèrent même la forme sans germe mais si vous sentez une différence de goût palpable, n'hésitez pas, conservez le germe. Le plaisir, je ne le répéterai jamais assez, est le premier allié de celui qui affronte un contrôle de son alimentation et de son poids.

Il existe des emballages de différentes tailles de 250 g jusqu'au sac de 10 kg. L'idéal est le paquet de 250 g à usage individuel non professionnel. Une cuillère à soupe de son d'avoine pèse entre 10 et 15 g. À raison de trois cuillères à soupe de son d'avoine par jour, cela fait en moyenne 40 g par jour, un paquet est donc utilisé en une semaine. Ce qui permet de le maintenir au sec et de protéger son goût, son pouvoir gustatif, sa capacité à se gorger d'eau et de nutriments, soit sa propriété primordiale.

Fermez bien vos paquets après usage, le moyen le plus simple étant la classique pince à linge.

Ne mettez jamais le son d'avoine au réfrigérateur et encore moins au congélateur : vous l'exécuteriez « froidement » !

Le son d'avoine est naturellement moelleux en bouche. Cette consistance tient à sa solubilité et, comme pour la pectine, à sa capacité de gélifier. Il n'est pas recommandé de consommer du son d'avoine à sec, à la cuillère, car il s'imprègne immédiatement de salive et, tant qu'il ne s'en est pas gorgé et saturé, il colle en bouche. Il existe pourtant des patientes qui l'adorent ainsi. Préparé en milieu liquide, eau, lait, laitages, il s'en imprègne et trouve dans le lait son meilleur moelleux.

Passez le moins possible le son d'avoine au broyeur ou au mixeur. Vous lui feriez perdre sa trame végétale et une bonne part de ses plus efficaces propriétés, sa densité et sa résistance en bouche. Certaines recettes, néanmoins, nécessitent de mixer le son, pour obtenir une préparation plus fine et moelleuse, et conserver le plaisir de dégustation.

Le son d'avoine est doux en bouche, presque sucré pour les avoines américaines ou scandinaves. Cette saveur est liée à sa teneur en bêta-glucanes : la cuisson, par concentration, élève la teneur de ces bêta-glucanes et, à la surface d'une galette cuite sur plaque, crée un film légèrement caramélisé que certains cuisiniers épaississent en y ajoutant de la poudre de potiron. Cette douceur naturelle s'exprime mieux dans les préparations de très faible épaisseur comme les crêpes délayées dans du lait qui, bien souvent, sont appréciées nature, sans adjonction de sucre ni d'édulcorant.

En pâtisserie, le son peut être sucré au sucre de table lorsque le contrôle du poids n'est pas l'indication recherchée. En cas de surpoids, le son peut être édulcoré à l'aspartame en poudre dans la préparation même de la pâte. Sachez toutefois que la saveur édulcorée de l'aspartame s'estompe en cuisine à haute température ou en cuisson prolongée. Dans ce cas, il est préférable de cuire galettes et crêpes sans édulcorant et de les saupoudrer finement après cuisson.

On peut aussi y ajouter des épices. Les plus appréciées sont la cannelle, la vanille et la fleur d'oranger. Préférez toujours les épices elles-mêmes à leur arôme. Les arômes en poudre ou en sirop sont pourtant bien pratiques : préférez alors les arômes naturels à ceux de synthèse. Ne gâchez pas le son d'avoine avec de la vanilline industrielle par exemple.

Essayez aussi le gingembre qui fait merveille dans les galettes.

En préparation salée, l'idéal est d'ajouter à la pâte des herbes de Provence bien sèches. Elles se révèlent après cuisson un merveilleux exhausteur de goût qui donne de la consistance, un merveilleux « croustillant » qui sophistique la galette.

Enfin, il est possible et délicieux d'inclure dans la pâte quelques graines de sésame bien grillées.

Galette sucrée, galette salée: les deux « must » historiques de ma méthode

Comme je vous l'ai dit, le concept du son d'avoine est né dans la grâce de l'amour qui me lie à ma fille Maya.

Pour elle et grâce à elle, j'ai créé cette galette qui a apporté à ma méthode ce qui lui manquait, un glucide ultra lent, savoureux, rassasiant, amaigrissant, facile à cuisiner et une protection quasi médicinale dans les quatre secteurs à risque de la vie d'un Occidental actuel.

Comme tout a commencé par la galette – galette sucrée ou plutôt édulcorée pour les uns et galette salée pour les autres – j'ai décidé de lui donner la vedette en l'isolant de la farandole des recettes qui l'ont rejointe.

Si vous êtes en surpoids et au régime, vous pouvez imaginer tout l'intérêt de disposer de ce petit objet glucidique qui va égayer votre régime, éteindre votre appétit et laisser libre cours à votre imagination culinaire.

Si vous êtes diabétique, vous pourrez consommer un glucide lent et à pénétration progressive qui a le goût du pain et la consistance de la galette ou du blini et sans qu'intervienne cette lancinante question des quotas.

Si vous êtes constipé, vous retrouverez sans violence un transit plus confortable, moins sec, vous donnerez à vos intestins circulaires un point d'appui pour avancer.

Si vous avez du cholestérol, prenez date et refaites un dosage deux mois après avoir commencé, vous serez surpris du résultat.

Et si vous n'avez rien de tout cela, régalez-vous en vous disant que vous avez de bonnes chances d'en être exempté pendant longtemps.

Quant à vous, lectrices et lecteurs, si d'aventure votre imagination vous amenait à découvrir une recette nouvelle ou une nouvelle indication du son d'avoine, faites-moi la faveur de me la communiquer, je vous promets de lui donner votre prénom.

La galette salée

Préparation : 1 min – Cuisson : 2 à 3 min
Pour 1 personne

- 1,5 cuillère à soupe de son d'avoine
- 1,5 cuillère à soupe de fromage blanc 0 % MG
- 1 blanc d'œuf ou 1 œuf entier selon indication
- sel, poivre, herbes de Provence

Mélanger tous les ingrédients de base pour obtenir une pâte homogène. Ajouter des herbes au goût. Saler, poivrer. Verser le tout dans la poêle chauffée à feu moyen et laisser cuire pendant environ 1 à 2 min, retourner à l'aide d'une spatule et poursuivre la cuisson durant le même temps.

La galette salée peut se consommer comme un pain. Elle peut servir de base aux ingrédients d'un sandwich, vous pouvez vous en servir en blini sur lequel vous pourrez disposer une belle tranche de saumon fumé, ou une tranche de dinde, de poulet ou de jambon allégés. Vous pouvez l'utiliser comme base de pizza sur laquelle vous avez tellement de choix que vous pouvez choisir notamment entre le thon au naturel associé à de la tomate fraîche ou en coulis, quelques câpres, et finir en étalant de la cancoillotte.

La galette sucrée

Préparation : 1 min – Cuisson : 2 à 3 min
Pour 1 personne

- 1,5 cuillère à soupe de son d'avoine
- 1,5 cuillère à soupe de fromage blanc 0 % MG
- 1 blanc d'œuf ou 1 œuf entier selon indication
- édulcorant de synthèse de type aspartame

Mélanger tous les ingrédients de base pour obtenir une pâte homogène. Ajouter l'aspartame ou une cuillère à café d'Hermesetas.
Verser le tout dans la poêle chauffée à feu moyen et laisser cuire pendant environ 1 à 2 min de chaque côté, en retournant à l'aide d'une spatule.

La galette sucrée peut se consommer comme une galette de pâtissier.

Elle peut, si l'on ajoute un peu de lait, servir à confectionner des crêpes plus fluides et donc plus fines.

Elle peut servir à confectionner des brownies chocolatés préparés avec du cacao dégraissé ou type Van Houten pour ceux qui n'ont pas de problèmes de poids.

Vous pouvez en faire des biscuits en découpant la galette au couteau ou à l'emporte-pièce à l'aide d'un tranchant de verre. Puis en les disposant sur une plaque de four 5 min de chaque côté à thermostat 7.

Votre galette sucrée gagnera à être aromatisée à la vanille, à la cannelle ou à la fleur d'oranger.

Recettes salées

Bouchées de courgette et de feta

Préparation : 10 min – Cuisson : 15 min
Pour 20 bouchées

- 1 courgette
- 1 oignon
- 2 œufs
- ½ barquette de feta à 9 % MG
- 3 cuillères à soupe de son d'avoine
- ½ bouquet de basilic
- sel, poivre

Préchauffer le four à 220 °C.
Râper la courgette sans la peler. Émincer très finement l'oignon. Ciseler le basilic et émietter la feta.
Dans un saladier, mélanger la courgette, l'oignon, le basilic, la feta, le son d'avoine, les œufs, saler et poivrer. Dès que le mélange est homogène, déposer en petit tas sur une plaque revêtue de papier sulfurisé. Au bout de 15 min, sortir la plaque et retourner les bouchées, enfourner à nouveau 15 min jusqu'à épuisement de la pâte.
Ces bouchées peuvent accompagner un émincé de volaille ou un poulet rôti.

Cake au crabe et aux crevettes

Préparation : 25 min – Cuisson : 35 min
Pour 4 personnes

- 4 œufs
- 8 cuillères à soupe de son d'avoine
- 3 cuillères à soupe de son de blé
- 1 sachet de levure chimique
- 6 cuillères à soupe de lait écrémé en poudre
- 1 boîte de miettes de crabe
- 200 g de crevettes roses
- 2 cuillères à café de moutarde
- sel, poivre

Mettre le four à préchauffer 15 min à 200 °C.
Dans un bol, mélanger 2 œufs entiers avec 2 jaunes. Réserver les blancs. Ajouter les sons, le lait, la moutarde, la levure, le crabe, les crevettes, le sel et le poivre.
Battre en neige ferme les 2 blancs restants et les incorporer à la préparation. Mettre au four à 180 °C pendant 35 min.

Cake forestier

Préparation : 20 min – Cuisson : 35 min
Pour 4 personnes

- 8 cuillères à soupe de son d'avoine
- 3 cuillères à soupe de son de blé
- 1 barquette de lamelles de jambon fumé (150 g)
- 1 boîte de champignons des bois mélangés (180 g)
- 4 œufs
- 1 sachet de levure chimique
- 6 cuillères à soupe de lait écrémé en poudre
- 4 cuillères à soupe de fromage blanc 0 % MG
- poivre, échalotes... mais surtout pas de sel !

Mettre les champignons et le jambon fumé dans une poêle afin de les faire dégorger. Poêler jusqu'à ce qu'il n'y ait plus d'eau. Laisser refroidir.
Pendant ce temps, dans un récipient, mélanger 2 œufs entiers et 2 jaunes avec le fromage blanc, les sons, le lait écrémé et les épices. Battre les 2 blancs restants en neige et les incorporer à la préparation. Réserver.
Préchauffer le four à 180/200 °C pendant 15 min. Incorporer le mélange champignons/jambon à la préparation puis ajouter la levure chimique. Bien mélanger. Faire cuire 35 min à 180 °C.

Chausson au jambon

Préparation : 2-3 min
Pour 1 personne

- 1 galette Dukan salée
- 1 tranche de jambon de poulet
- cancoillotte à volonté
- poivre

Faire une galette salée puis étaler dessus de la cancoillotte, du poivre, une tranche de jambon de poulet. Refermer en chausson et recuire des 2 côtés.

Chausson aux crevettes et au saumon

Préparation : 5 min – Cuisson : 2-3 min
Pour 1 personne

- 2 cuillères à soupe de son d'avoine
- 1 cuillère à soupe de son de blé
- 2 blancs d'œufs
- 1 petit bol de crevettes roses décongelées
- fromage blanc
- 1 cuillère à soupe de cancoillotte
- 3 tranches de saumon fumé
- sel et aromates

Battre les blancs en neige. Y incorporer le son de blé et le son d'avoine, une touche de fromage blanc, les crevettes roses décongelées, et cuire la galette. Une fois retournée, étaler la cuillère à soupe de cancoillotte, y déposer les tranches de saumon fumé, plier la galette en chausson. Vous pouvez y ajouter des échalotes et du persil.

Crêpe complète

Préparation : 15 min – Cuisson : 6-7 min
Pour 1 personne

- 200 ml de lait écrémé
- ½ cuillère à soupe de Maïzena
- 2 tranches de jambon de dinde
- 30 g de fromage râpé 6 % MG (Bridelight)
- 1 cuillère à soupe de son de blé
- 2 cuillères à soupe de son d'avoine
- 2 œufs
- sel, poivre

Préparer une sauce béchamel Dukan bien épaisse : mélanger à froid 100 ml de lait écrémé avec la Maïzena. Laisser cuire quelques minutes à feu doux tout en remuant pour épaissir puis assaisonner avec du sel et du poivre.
Mettre les deux tranches de jambon de dinde sur une assiette. Recouvrir avec le fromage râpé 6 % Bridelight et casser 1 œuf dessus. Mettre l'assiette au micro-ondes recouverte d'une cloche jusqu'à ce que le blanc de l'œuf soit cuit (environ 2 min).
Mélanger dans un bol le son de blé, le son d'avoine, 5 cuillères à soupe de lait écrémé et 1 œuf. Huiler à peine une poêle antiadhésive. Faire cuire de chaque côté comme une crêpe en prenant soin de bien étaler la pâte pour qu'elle soit fine.
Étaler la béchamel sur la crêpe en la lissant avec le dos de la cuillère puis recouvrir du jambon et de l'œuf cuit à l'aide d'une large spatule. Replier les bords de la crêpe et donner un coup de moulin à poivre pour terminer.

Ficelles picardes

Préparation : 20 min – Cuisson : 10 min
Pour 2 personnes

- 2 galettes Dukan salées
- béchamel Dukan (cf. *supra*)
- 1 poignée de champignons de Paris cuits
- 1 tranche de jambon

• crème fraîche 5 % MG ou fromage blanc 0 % MG
• cancoillotte (facultatif)

Faire une pâte à galette avec du lait à la place du fromage blanc. Ajouter à une béchamel Dukan quelques champignons cuits. Sur chaque crêpe, placer une demi-tranche de jambon, une grosse cuillerée de sauce aux champignons, et un peu de cancoillotte pour qui aime. Rouler les crêpes, les ranger dans un plat à four. Napper légèrement de crème fraîche 5 % ou de fromage blanc 0 % MG.

Galette au fromage frais et au saumon

Préparation : 30 min – Cuisson : 15 min
Pour 1 personne

• 2 cuillères à soupe de son d'avoine
• 1 cuillère à soupe de son de blé
• 1 œuf
• 2 cuillères à soupe de fromage blanc 0 % MG
• paprika
• sel, poivre, épices au choix
• herbes au choix
• 100 g de Carré frais 0 % MG
• 200 g de saumon frais sans arêtes
• 1 cuillère à soupe de jus de citron

Mettre les 100 g de Carré frais 0 % MG à égoutter sur du papier absorbant pendant la préparation.
Faire cuire à la vapeur (10 min au micro-ondes ou dans le panier de la Cocotte-Minute) le saumon frais sans arêtes, préalablement assaisonné d'1 cuillère à soupe de jus de citron, 1 cuillère à café d'herbes, sel et poivre.
Faire une galette avec le son d'avoine, le son de blé, l'œuf, le fromage blanc 0% MG, 1 cuillère à café de paprika, 1 pincée de sel, 1 cuillère à café d'herbes mélangées au choix.
Assaisonner le fromage frais de sel, poivre, herbes et épices (paprika, cumin, céleri en poudre…).

Galette au thon

Préparation : 10 min – Cuisson : 20 min
Pour 1 personne

• les ingrédients d'une galette Dukan salée
• ½ boîte de thon écrasé
• 1 œuf supplémentaire
• 1 poignée de petits oignons

Préparer la galette salée et mélanger à la pâte la ½ boîte de thon écrasé. Rajouter l'œuf, les petits oignons, et cuire au four, dans un petit plat Pyrex thermostat 6 pendant 20 min. La cuisson varie selon les fours.

Galette à la viande des Grisons

Préparation : 25 min – Cuisson : 45 min
Pour 1 personne

• 1 galette Dukan salée
• 5 ou 6 tranches de viande des Grisons
• 1 cuillère à soupe de cancoillotte 5 % MG

Préparer la base de la galette. Une fois cuite, y déposer les tranches de viande des Grisons et la cancoillotte.
Mettre le tout sous le gril du four à gratiner.

Galette de harengs marinés et salade mélangée

Préparation : 5 min – Cuisson : 2-3 min
Pour 1 personne

• 1 galette Dukan salée
• 1 carotte
• ½ oignon
• 100 de hareng fumé doux
• poivre 5 baies
• 150 g de salade mélangée

Faire une galette salée.
Mélanger la carotte coupée en rondelles, le demi-oignon émincé et le hareng fumé doux.
Étaler copieusement le mélange sur la galette et poivrez d'un tour de moulin à poivre 5 baies. Accompagner ce plat de salade mélangée.

Gnocchis d'avoine façon carbonara

Préparation : 35 min – Cuisson : 5 min
Pour 1 personne

- 1 cuillère à soupe de son de blé
- 3 cuillères à soupe de son d'avoine
- 1,5 cuillère à soupe de fromage blanc 0 % MG
- 100 ml de lait écrémé
- sel, poivre
- 1 cuillère à café de Maïzena
- 1 cube de bouillon dégraissé
- 1 tranche de jambon maigre fumé
- 1 jaune d'œuf

Mixer le son de blé et le son d'avoine le plus finement possible. Ajouter 1 pincée de sel et le fromage blanc 0 % MG. Pétrir le mélange 2 min, puis faire une boule. Laisser reposer 5 min.
Préparer une sauce béchamel : mélanger à froid le lait écrémé avec la Maïzena et 1/3 de cube dégraissé préalablement émietté. Laisser cuire quelques minutes à feu doux tout en remuant pour bien épaissir puis assaisonner avec du poivre. Mettre une large casserole d'eau à bouillir avec 1/3 de cube dégraissé.
Couper la boule en quatre puis prendre un morceau et le rouler entre les mains pour former un long boudin fin. Le mettre à plat sur une assiette et le couper en petits tronçons de 1,5 cm. Renouveler l'opération jusqu'à la fin de la pâte. Couper le jambon maigre fumé en petits lardons et le faire revenir dans une poêle antiadhésive. Ajouter la béchamel. Mettre les gnocchis dans l'eau bouillante et laisser

cuire 1 min après qu'ils sont remontés à la surface. Les retirer et laisser égoutter sur un papier absorbant.
Dresser l'assiette en mélangeant le tout et en rajoutant le jaune d'œuf.

Hamburger

Préparation : 10 min – Cuisson : 5 min
Pour 1 personne

- 1 galette Dukan salée
- 1 steak haché 5 % MG
- 1 cuillère à café de moutarde
- 1 feuille de salade
- ½ oignon
- sel et poivre
- 1 œuf au plat

Faire une galette salée. Beurrer la galette d'un peu de moutarde, ajouter le steak haché cuit, le demi-oignon, la salade, l'œuf au plat, saler et poivrer selon le goût.

Hot-dog

Préparation : 5 min – Cuisson : 1-2 min
Pour 1 personne

- 1 galette Dukan salée
- 2 saucisses de volaille
- moutarde aux condiments

Faire une galette salée. Y mettre les saucisses de volaille et la moutarde aux condiments, puis rouler.

Pain Dukan

Préparation : 5 min – Cuisson : 10 min
Pour 1 personne

- 1 œuf
- 1 petit-suisse
- 1 cuillère à soupe de Maïzena pas trop bombée
- 1 cuillère à café de levure
- aromates secs au choix… mais attention, ne pas mettre de sel !

Mélanger les ingrédients et les verser dans un plat rectangulaire de 15 cm x 20 cm. L'épaisseur doit être d'au moins 5 mm. Recouvrir celui-ci d'une feuille de cellophane (sauf pour la cuisson au four) et mettre au micro-ondes puissance maxi pendant 5 min, ou au four à 200 °C – th. 7, pendant au moins 10 min.
Lorsque le pain est cuit, ôter immédiatement la cellophane et démouler pour qu'il ne retombe pas.

Pan-bagnat

Préparation : 5 min – Sans cuisson
Pour 1 personne

Pour la garniture :
- 1 galette Dukan salée
- thon naturel en conserve
- câpres
- 1 feuille de salade
- 1 à 2 tranches de tomate

Pour la mayonnaise blanche Dukan :
- 1 à 2 cuillères à soupe de fromage blanc 0 % MG
- 1 jaune d'œuf cru
- épices
- Tabasco
- un trait de vinaigre

Préparer la mayonnaise : fouetter le jaune d'œuf avec les épices, ajouter deux gouttes de Tabasco, puis le fromage blanc comme si c'était de l'huile, sans arrêter de fouetter. Terminer avec le trait de vinaigre.
Mélanger les autres ingrédients (thon, câpres, salade, tranches de tomate) et en garnir une galette cuite.

Panini à la mozzarella

Préparation : 5 min – Cuisson : 5-6 min
Pour 1 personne

- 1 cuillère à soupe de son de blé
- 2 cuillères à soupe de son d'avoine
- 3 cuillères à soupe de lait en poudre écrémé
- 2 œufs
- levure chimique
- arôme de beurre
- 1 boule de mozzarella light 9 % MG
- ½ tomate
- 4 tranches de viande des Grisons

Préparer la base : mélanger dans un bol le son de blé, le son d'avoine, le lait en poudre écrémé, les 2 œufs entiers, 10 gouttes d'arôme de beurre, 1 cuillère à café de levure chimique. Huiler à peine une poêle antiadhésive. Faire cuire la base 30 s en prenant soin de lui donner la forme d'un grand rectangle puis la retourner à l'aide d'une spatule et éteindre la poêle. Couper en deux dans le sens de la longueur.
Couper une boule de mozzarella light en tranches et passer quelques minutes au gril afin de la débarrasser de l'excès d'eau. Couper en tranches très fines la demi-tomate et les disposer sur la moitié de la base. Ajouter les tranches de viande des Grisons et recouvrir de la mozzarella fondue et égouttée. Saler, poivrer, recouvrir de l'autre tranche, puis presser dans un gril électrique en surveillant, jusqu'à ce que ça devienne croustillant à l'extérieur.

Pizza au poulet et au poivron rouge

Préparation : 20 min – Cuisson : 10 min
Pour 2 personnes

- 4 cuillères à soupe bombées de son d'avoine
- 4 blancs d'œufs
- 2 cuillères à soupe bombées de son de blé
- 2 œufs entiers

- 1 jaune d'œuf
- 3 cuillères à soupe de lait en poudre écrémé
- 1 poivron rouge
- 4 cuillères à soupe de concassé de tomates
- 6 Carrés frais 0 % MG
- ½ cuillère à café d'arôme de noix
- huile d'olive
- 5 cl de crème semi-épaisse 3 % MG
- 1 belle escalope de poulet
- sel et poivre
- un peu de gruyère râpé allégé

Confectionner la base : mélanger dans un plat le son d'avoine, le son de blé, le lait en poudre écrémé, les œufs et les blancs d'œufs supplémentaires, et l'arôme de noix. Saler et poivrer.
Huiler à peine une grande poêle antiadhésive. Verser la pâte et la faire cuire 40 s de chaque côté.
Préchauffer le four thermostat 6.
Laver et couper en lamelles le poivron rouge. Le faire revenir à feu doux dans une poêle antiadhésive avec 1 cuillère à café d'huile d'olive et 2 cuillères à soupe d'eau. Remuer de temps en temps en attendant que le liquide se soit évaporé.
Mélanger dans un bol les Carrés frais, la crème fraîche allégée, le concassé de tomates et le jaune d'œuf. Saler et poivrer avec modération.
Étaler le mélange sur la pâte préalablement placée sur de l'aluminium et sur la grille du four. Disposer ensuite les blancs de poulet cuits, les lamelles de poivron et le gruyère râpé allégé. Saler et poivrer. Enfourner et laisser chauffer pendant 10 min thermostat 6.

Pizza au saumon et au fromage

Préparation : 20 min – Cuisson : 10 min
Pour 1 personne

- 3 cuillères à soupe de son d'avoine
- 3 cuillères à soupe de lait en poudre écrémé
- 1 œuf + 1 blanc d'œuf
- 3 Carrés frais 0 % MG
- 100 g de saumon fumé

• 1 cuillère à soupe de crème épaisse Bridelight 3 %
• 1 fromage fondu Bridelight 2 %
• sel, poivre

Préparer la base : mélanger dans un bol le son d'avoine, le lait en poudre écrémé, l'œuf et le blanc d'œuf supplémentaire, et du poivre. Huiler une poêle antiadhésive à l'aide d'une goutte sur un papier absorbant. Faire cuire la base 30 s de chaque côté (la pâte doit être encore liquide à la vue), en la retournant à l'aide d'une spatule.
Allumer le four thermostat 6. Déposer la base sur un papier aluminium et la tartiner copieusement avec les 3 Carrés frais 0 %. Ajouter le saumon fumé. Garnir avec la cuillerée à soupe de crème épaisse et le fromage fondu Bridelight 2% coupé en petits dés. Mettre au four pendant 10 min en surveillant. Saler et poivrer et servir chaud.

Pizza au saumon et aux poireaux

Préparation : 10 min – Cuisson : 10 min
Pour 2 personnes

• 4 cuillères à soupe bombées de son d'avoine
• 2 cuillères à soupe bombées de son de blé
• 2 œufs entiers
• 4 blancs d'œufs
• 3 cuillères à soupe de lait en poudre écrémé
• 4 blancs de poireaux
• 6 Carrés frais 0 % MG
• 10 cl de crème semi-épaisse 3 % MG
• 2 fromages (Bridelight) goût emmental
• 3 tranches de saumon fumé
• ½ cuillère à café d'arôme de noix
• sel et poivre

Confectionner la base de la pizza : mélanger dans un plat le son d'avoine, le son de blé, le lait en poudre écrémé, les œufs, les blancs d'œufs et l'arôme de noix. Saler et poivrer. Huiler à peine une grande poêle antiadhésive. Verser la pâte et la faire cuire 40 s de chaque côté.
Préchauffer le four thermostat 6.

Mélanger dans un bol les Carrés frais et la crème fraîche allégée. Saler et poivrer avec modération. Étaler le mélange sur la pâte préalablement placée sur de l'aluminium et sur la grille du four.
Disposer ensuite les blancs de poireaux cuits, le saumon fumé et le fromage fondu goût emmental coupé en petits dés. Terminer par quelques gouttes de crème allégée. Saler et poivrer. Enfourner et laisser chauffer pendant 10 min thermostat 6.

Pizza au thon

Préparation : 20 min – Cuisson : 10 min
Pour 1 personne

- 1 galette Dukan salée
- 1 boîte de pulpe de tomate
- 1 gros oignon
- 1 cuillère à café de thym, d'origan et de basilic
- 2 pincées de poivre de Cayenne
- 180 g de thon au naturel
- 2 cuillères à soupe de câpres
- 60 g de cancoillotte
- sel

Pour faire la pâte, utiliser la galette salée. Égoutter la pulpe de tomate.
Faire fondre l'oignon dans une poêle, ajouter les tomates, les herbes et le poivre puis saler un peu. Faire compoter à feu doux pendant 10 min. Égoutter le thon et l'émietter. Réserver. Étaler la compote de tomates sur la galette, répartir le thon, les câpres, recouvrir de cancoillotte.

Pizza océane

Préparation : 5 min – Cuisson : 10 min
Pour 1 personne

• Pour la pâte :
• 1 cuillère à soupe de son de blé
• 2 cuillères à soupe de son d'avoine
• 2/3 de cuillère à soupe de fromage blanc 0 % MG
• 3 cuillères à soupe de lait écrémé en poudre
• 1 blanc d'œuf (ou un œuf entier)
• sel, poivre

• Garniture :
• 3 Carrés frais
• 100 g de truite
• 3 ou 4 noix de Saint-Jacques
• 100 g de petites crevettes roses
• 1 citron
• 1 cuillère à soupe de fromage blanc 0 % MG
• 1 cuillère à café de moutarde
• sel, poivre, aneth

Préparer une pâte à galette, l'étaler sur du papier sulfurisé en respectant la forme d'une pizza de la taille d'une assiette ronde standard. Mettre au milieu du four à 200 °C pendant quelques minutes. Surveiller jusqu'à ce que la pâte devienne bien dorée.
Une fois la pâte cuite, garnir la pizza des Carrés frais, de la truite, des noix de Saint-Jacques, des crevettes, de l'aneth, d'un mélange fromage blanc/moutarde. Rajouter un trait de jus de citron. Mettre à cuire le tout en position gril pendant quelques minutes.

Pizza orientale

Préparation : 20 min – Cuisson : 10 min
Pour 2 personnes

• 4 cuillères à soupe bombées de son d'avoine
• 4 blancs d'œufs
• 2 cuillères à soupe bombées de son de blé
• 4 œufs entiers

- 3 cuillères à soupe de lait en poudre écrémé
- 2 steaks hachés de bœuf 5 % MG
- ½ boîte de concentré de tomates
- 6 Carrés frais 0 % MG
- ½ cuillère à café d'arôme de noix
- 5 cl de crème semi-épaisse 3 % MG
- 1 gros oignon
- un peu de cumin en poudre
- sel et poivre
- un peu de gruyère râpé allégé

Confectionner la base : mélanger dans un plat le son d'avoine, le son de blé, le lait en poudre écrémé, 3 œufs, les blancs d'œufs et l'arôme de noix. Saler et poivrer. Huiler à peine une grande poêle antiadhésive.Verser la pâte et la faire cuire 40 s de chaque côté.
Préchauffer le four thermostat 6.
Mélanger les steaks hachés avec 1 œuf, l'oignon coupé en fines lamelles, 4 cuillères à soupe de concentré de tomates. Saler, poivrer et terminer par une touche de cumin. Faire revenir le mélange dans une poêle antiadhésive. Mettre de côté.
Mélanger dans un bol les Carrés frais et la crème fraîche allégée. Saler, poivrer avec modération et rajouter un peu de cumin. Étaler le mélange sur la pâte préalablement placée sur de l'aluminium et sur la grille du four. Disposer ensuite le mélange mis de côté en rajoutant le reste de concentré de tomates. Parsemez d'un peu gruyère râpé allégé. Saler et poivrer.
Enfourner et laisser chauffer pendant 10 min thermostat 6.

Roulés de poulet aux herbes

Préparation : 5 min – Cuisson : 10 min
Pour 1 personne

- 1 galette Dukan salée
- 1 fine escalope de poulet
- ½ gousse d'ail
- 2 Carrés frais 0 % MG
- 1 poignée de champignons de Paris émincés
- 1 cuillère à soupe de ciboulette hachée

• 1 cuillère à soupe de persil plat haché
• sel, poivre

Cuire une galette salée, la couper en deux parties et la réserver. Aplatir l'escalope à l'aide d'un rouleau à pâtisserie, et la couper en deux dans le sens de la largeur. Huiler à peine une poêle antiadhésive et faire cuire les deux morceaux d'escalope 5 min de chaque côté, jusqu'à ce qu'ils soient bien dorés.
Préparer la farce : faire cuire les champignons émincés dans une poêle avec l'ail écrasé. Faire refroidir. Ajouter les Carrés frais, la ciboulette et le persil, saler et poivrer. Bien mélanger le tout.
Sur chaque moitié de galette, déposer un morceau d'escalope puis une grosse cuillère à soupe de farce. Rouler le tout et faire tenir avec un bâtonnet.

Spaghettis de son à la bolognaise

Préparation : 20 min – Cuisson : 10 min
Pour 2 personnes

Pour les spaghettis :
• 2 cuillères à soupe de son d'avoine
• 1 cuillère à soupe de son de blé
• 1 œuf
• 3 cuillères à soupe de lait écrémé en poudre
• 2 cuillères à café de fromage blanc 0 % MG
• 20 g environ de Protifar
• sel
• arôme de beurre

Pour la garniture :
• 1 steak à 5 % MG
• 40 g de lardons de jambon
• ½ oignon
• 1 gousse d'ail
• 1 petite carotte (facultatif)
• herbes en abondance (herbes de Provence ou persil)
• 150 g de purée de tomates
• sel, poivre
• arôme d'olive
• gruyère râpé à 6% MG (facultatif)

Mélanger tous les ingrédients de la pâte dans un récipient. Incorporer en dernier le Protifar : en mettre jusqu'à obtention d'une pâte « non collante ». Prendre une planche en bois, la saupoudrer d'un peu de Protifar puis étaler la pâte (si cela colle avec le rouleau, étaler avec les doigts). Prendre un long couteau sans dents et couper de fines lanières (placer la lame du couteau et appuyer puis détacher, ne pas faire de mouvement de va-et-vient car cela risque de casser la pâte) jusqu'à épuisement de la préparation.
Dans une grande poêle, disposer les lanières de pâte et recouvrir d'eau chaude et salée. Allumer le feu et attendre les premiers bouillons. Pendant ce temps, disposer des feuilles de papier absorbant sur une assiette. Au bout de quelques minutes de cuisson (la couleur change et de l'écume apparaît), prélever délicatement les spaghettis à l'aide d'une écumoire et les mettre sur le papier absorbant. Réserver.
Dans une autre poêle, faire revenir le steak, tout en le réduisant en miettes. Une fois cuit, le tranférer dans un bol et mettre à la place l'oignon coupé en lamelles et la carotte détaillée en mini dés avec de l'arôme d'olive. Ajouter un peu d'eau chaque fois que cela sera nécessaire, pour éviter que cela ne brûle. Quand l'oignon commence à devenir translucide, ajouter les lardons de jambon et faire dorer le tout. Remettre le steak haché et incorporer la purée de tomates. Saler, poivrer, mettre les herbes et l'ail à sa convenance. Couvrir et laisser mijoter à feu doux quelques minutes, que les saveurs se mélangent. Dresser les spaghettis dans une assiette, disposer la sauce dessus puis le gruyère râpé.

Tartine de saumon fumé sur lit de fromage et sa salade

Préparation : 10 min – Cuisson : 2-3 min
Pour 1 personne

- 2 cuillères à soupe de son d'avoine
- 2 cuillères à soupe de son de blé
- 1 œuf
- 1 cuillère à soupe de fromage blanc 0 % MG
- 2 louches de faisselle 0 % MG
- 100 g de saumon fumé
- poivre
- 150 g de batavia
- 1 tomate
- herbes au choix (persil, basilic, thym...)
- épices au choix (paprika, cumin, céleri en poudre...)

Faire égoutter auparavant la faisselle 0% MG pendant ½ journée, jusqu'à ce qu'elle prenne une consistance proche du Saint-Môret.
Faire cuire ensuite une galette salée.
Assaisonner la faisselle de sel, poivre, herbes et épices. Étaler copieusement la faisselle assaisonnée sur la galette et recouvrir de saumon fumé. Terminer avec un tour de moulin à poivre 5 baies.
Accompagner ce plat de batavia et d'une tomate coupée en rondelles.

Terrine aux fruits de mer

Préparation : 15 min – Cuisson : 30 min
Pour 2 personnes

- 2 cuillères à soupe de son de blé
- 4 cuillères à soupe de son d'avoine
- 3 cuillères à soupe de fromage blanc 0 % MG
- 3 œufs
- 1 bonne poignée de mélange de fruits de mer (frais ou surgelés)
- sel, poivre et aromates

Mélanger tous les ingrédients jusqu'à obtenir une préparation onctueuse.
Déposer la pâte dans un moule à cake recouvert de papier cuisson.
Faire cuire au four à 180 °C – th. 6 pendant environ 30 min.

Velouté de cèpes au son d'avoine

Préparation : 10 min – Cuisson : 20 min
Pour 2 personnes

- 4 cuillères à café de son d'avoine
- ½ litre de lait écrémé
- 1 jaune d'œuf (facultatif)
- 250 g de cèpes
- 1 petite gousse d'ail
- 4 cuillères à soupe de ciboulette hachée
- poivre et sel

Écraser grossièrement la gousse d'ail avec le plat d'une lame de couteau. Nettoyer les cèpes et les faire dorer 10 mn dans une poêle légèrement huilée avec la gousse d'ail et la ciboulette. Mixer le tout et verser cette préparation dans le lait additionné du son d'avoine en maintenant sur feu moyen et en remuant constamment pendant 10 mn. 1 min avant la fin de la cuisson, épaissir si nécessaire avec un jaune d'œuf battu. Poivrer et saler à volonté.

Recettes sucrées

Biscuits aux pépites de chocolat

Préparation : 45 min – Cuisson : 20 min
Pour 15 biscuits environ

- 1 œuf + 1 jaune d'œuf
- 2 cuillères à café de cacao maigre (Van Houten)
- 1 cuillère à soupe de son de blé
- 2 cuillères à soupe de son d'avoine
- 1 cuillère à soupe de Maïzena
- 1 petit-suisse
- 1 cuillère à café de levure
- extrait de vanille
- édulcorant en poudre

Faire du chocolat en mélangeant au cacao Van Houten le jaune d'œuf et 1 cuillère à soupe d'édulcorant en poudre. Mettre ce mélange dans du film plastique et l'écraser afin d'obtenir une barre rectangulaire avec un peu d'épaisseur. Réserver au congélateur afin que ça durcisse.
Mélanger dans un bol le son de blé et le son d'avoine. Couper le chocolat durci en petits carrés et les rouler dans le bol. Ajouter le petit-suisse, la Maïzena, l'œuf, la levure, 1 cuillère à café d'extrait de vanille, 2 cuillères à soupe d'édulcorant en poudre. Préchauffer le four à 160 °C. Mettre du papier aluminium sur la plaque du four. Faire des petits tas espacés et enfourner.
Laisser cuire 20 min à 160 °C tout en surveillant.

Biscuits croquants à l'amande

Préparation : 30 min – Cuisson : 20 min
Pour 30 biscuits

- 4 cuillères à soupe de son d'avoine
- 2 cuillères à soupe de son de blé
- 1 cuillère à soupe de Maïzena
- 1 petit-suisse
- 2 œufs
- 2 cuillères à café de levure
- 1 cuillère à café d'amandes amères
- édulcorant

Mélanger dans un bol le son d'avoine, le son de blé, la Maïzena, le petit-suisse, les œufs, la levure. Rajouter la cuillère à café d'amandes amères et 2 cuillères à soupe d'édulcorant en poudre.
Sur du papier aluminium ou sulfurisé, faire une trentaine de petits tas espacés. Faire cuire 20 min à 180 °C sur la grille du milieu en surveillant puis sortir la plaque du four. Décoller les biscuits une fois qu'ils ont refroidi.

Cookies croquants parfum cappuccino

Préparation : 40 min – Cuisson : 20 min
Pour 2 personnes / 20-25 cookies

- 4 cuillères à soupe de son d'avoine
- 2 cuillères à soupe de son de blé
- 2 cuillères à soupe de Maïzena
- 1 petit-suisse 0 % MG
- 1 yaourt nature 0 % MG
- 2 œufs
- ½ sachet de levure
- 1 cuillère à soupe de café soluble
- 4 cuillères à soupe d'édulcorant en poudre
- 2 cuillères à soupe de lait en poudre écrémé

Mélanger bien ensemble tous les ingrédients. Mettre du papier sulfurisé sur la plaque du four. Faire 20 à 25 petits tas espacés et mettre à cuire à mi-hauteur 20 min à 160 °C en surveillant. Décoller les cookies lorsqu'ils sont froids.

Crème au rhum et au son d'avoine

Préparation : 30 min – Cuisson : 5-10 min
Pour 6 verres

- ½ litre de lait écrémé
- 2 feuilles de gélatine
- 1 gousse de vanille
- 4 cuillères à soupe de son d'avoine
- 2 cuillères à soupe d'édulcorant en poudre
- 2 jaunes d'œufs

• 1 cuillère à café d'arôme de rhum brun ou blanc

Faire tremper les feuilles de gélatine 5 min dans l'eau froide. Mettre le lait dans une casserole, avec une gousse de vanille préalablement fendue en deux et grattée au-dessus. Porter à ébullition et réserver.
Dans un bol, battre les jaunes, l'édulcorant le son d'avoine et l'arôme de rhum. Verser tout doucement le lait dans la préparation en remuant bien. Remettre sur le feu et faire chauffer sans faire bouillir. La préparation doit s'épaissir un peu. Hors du feu, rajouter les feuilles de gélatine et bien remuer. Verser dans les verres, laisser refroidir à l'air libre puis 4 heures au réfrigérateur.

Crumble de rhubarbe

Préparation : 20 min – Cuisson : 40-45 min
Pour 1 personne

• 250 g de rhubarbe taillée en dés
• édulcorant
• 3 cuillères à soupe de son d'avoine
• 1 cuillère à soupe de son de blé
• 1 blanc d'œuf
• 1 cuillère à soupe de fromage blanc 0 % MG

Préchauffer le four à 200 °C. Faire mijoter la rhubarbe dans une casserole et ajouter de l'édulcorant pour donner un goût moins acide. Mélanger les sons, le blanc d'œuf et le fromage blanc. Étaler cette préparation sur du papier sulfurisé et faire cuire 20 min à 180 °C. Quand c'est cuit, couper en petits morceaux et mixer. Passer la préparation de nouveau au four pendant 5 min.
Pendant ce temps, disposer la compote de rhubarbe dans un ramequin et recouvrir avec la pâte à crumble. Faire cuire environ 10 min à 180 °C.

Financiers à la pistache

Préparation : 10 min – Cuisson : 5 min
Pour 4 financiers

- 1 cuillère à soupe de son de blé
- 2 cuillères à soupe de son d'avoine
- 2 blancs d'œufs
- 1 cuillère à soupe de fromage blanc 0 % MG
- 2 cuillères à café de Maïzena
- levure chimique
- arôme de pistache
- arôme de beurre
- arôme d'amande amère
- édulcorant en poudre
- colorant alimentaire vert

Préchauffer le four à 180 °C. Mixer le son de blé et le son d'avoine le plus finement possible puis réserver. Mettre dans un bol les blancs d'œufs, 1 cuillère à café d'arôme de pistache, 5 gouttes d'arôme de beurre, 1,5 cuillère à soupe d'édulcorant en poudre, 1 cuillère à café d'arôme d'amande amère, 4 gouttes de colorant vert alimentaire puis mixer le tout au batteur électrique jusqu'à ce que les œufs moussent bien. Rajouter 1 cuillère à café rase de levure chimique, le fromage blanc 0 % MG, la Maïzena puis les sons et mixer encore 1 min. Mettre le mélange dans un moule en silicone de préférence (environ 1,5 cuillère à soupe par financier). Baisser à 140 °C et enfourner à mi-hauteur 5 min en surveillant.

Galette au chocolat

Préparation : 5 min – Cuisson : 2-3 min
Pour 1 personne

- 1 galette Dukan sucrée
- 1 jaune d'œuf
- 1 cuillère à café de cacao dégraissé
- édulcorant

Faire une galette sucrée, mélanger le jaune d'œuf avec le cacao dégraissé, ajouter un peu d'édulcorant. Goûter avant de recouvrir la galette de ce mélange.

Galette chocolat / cannelle / anis

Préparation : 5 min – Cuisson : 2-3 min
Pour 1 personne

- 1 galette Dukan sucrée
- 1 jaune d'œuf
- 1 cuillère à café de cacao dégraissé
- édulcorant
- graines d'anis vert
- cannelle

Faire une galette sucrée avec du chocolat dessus (cf. *supra*), parfumer aux graines d'anis vert et à la cannelle, à volonté.

Gâteau aux deux sons

Préparation : 5 min – Cuisson : 40 min
Pour 4 personnes

- 4 cuillères à soupe de son de blé
- 8 cuillères à soupe de son d'avoine
- 4 cuillères à soupe de fromage blanc 0 % MG
- 2 cuillères à café d'arôme d'amande amère
- 4 cuillères à soupe d'édulcorant en poudre de cuisson
- 1 sachet de levure chimique
- 4 œufs

Mélanger tous les ingrédients jusqu'à obtenir une pâte lisse. Mettre le tout dans un moule à cake en silicone de 20 cm de long et laisser cuire à 180 °C ou thermostat 6-7 environ 40 min.

Gâteau léger vanille et myrtilles

Préparation : 25 min – Cuisson : 45 min
Pour 6 personnes

- 2 yaourts 0 % MG aromatisés à la vanille
- 1 yaourt nature 0 % MG
- 4 cuillères à soupe de son d'avoine
- 2 cuillères à soupe de son de blé
- 4 œufs
- 2 cuillères à soupe de Maïzena
- 4 cuillères à soupe d'édulcorant (selon goût)
- arôme de rhum brun
- 3 belles poignées de myrtilles

Préchauffer le four thermostat 5 après avoir retiré la grille du four. Dans un saladier, battre les jaunes d'œufs avec l'édulcorant et 1 cuillère à café d'arôme de rhum brun. Ajouter les yaourts et bien mélanger. Incorporer ensuite les sons, la Maïzena, puis les blancs d'œufs battus en neige, en soulevant bien la masse. Ajouter ensuite les myrtilles préalablement lavées et séchées délicatement au torchon.

Verser le tout dans un moule à cake, en silicone de préférence. Disposer sur la grille et enfourner thermostat 5 pendant 45 min. Le gâteau gonfle et redescend un peu une fois hors du four.

Macarons crousti-fondants au son d'avoine

Préparation : 1 h – Cuisson : 10 min
Pour 25 macarons

- 2 blancs en neige
- 2 cuillères à soupe de son d'avoine
- arôme d'amande amère
- édulcorant

Séparer 2 œufs et monter les blancs en neige bien ferme. Ajouter le son d'avoine, 1 cuillère à café d'arôme d'amande amère, 2 cuillères à soupe d'édulcorant en poudre. Bien mélanger avec une spatule sans casser les blancs. Préchauffer le four à 180 °C et mettre du papier aluminium sur la plaque du four. Prendre une poche ou en faire une avec un sachet de congélation que l'on coupe en biseau à une des extrémités. Y

verser le mélange et déposer sur le papier environ 25 petits macarons. Faire cuire 10 min à 150 °C en surveillant.
Ne pas ouvrir la porte pendant la cuisson et quand la base est brunie, éteindre le four et laisser refroidir 30 min. Détacher les macarons délicatement lorsqu'ils sont froids.

Madeleines au beurre

Préparation : 5 min – Cuisson : 5 min
Pour 12 madeleines

- 1 cuillère à soupe de son de blé
- 2 cuillères à soupe de son d'avoine
- 2 œufs
- 2 cuillères à soupe de lait en poudre écrémé
- levure chimique
- arôme de citron
- arôme de beurre
- édulcorant en poudre

Préchauffer le four à 180 °C. Passer au mixeur le son de blé et le son d'avoine puis réserver. Mettre dans le mixeur les œufs, une demi-cuillère à café d'arôme de citron, 20 gouttes d'arôme de beurre, 2 cuillères à soupe d'édulcorant en poudre, puis mixer le tout 1 min. Rajouter le lait en poudre écrémé, les sons et 2 cuillères à café de levure chimique, et mixer encore 1 min. Mettre 1 cuillère à soupe de ce mélange par madeleine dans un moule en silicone de préférence. Baisser à 140 °C et enfourner à mi-hauteur 5 min en surveillant.
N.B. : Attention ! Cuit très vite ! Si le moule n'est pas en silicone, le mettre au congélateur le temps de la préparation.

Muffins au citron

Préparation : 5 min – Cuisson : 15-20 min
Pour 2 personnes

- 1 cuillère à soupe de son de blé
- 2 cuillères à soupe de son d'avoine

- 4 cuillères à soupe de lait en poudre écrémé
- 2 œufs
- 1 cuillère à café d'arôme de citron
- 1 cuillère à café de levure
- édulcorant

Mixer le son de blé et le son d'avoine le plus finement possible. Mélanger dans un bol les sons, le lait en poudre écrémé, 1 œuf entier et 1 blanc d'œuf, l'arôme citron, la levure, 1 à 2 cuillères à soupe d'édulcorant en poudre. Mettre le mélange dans deux ramequins au four à 180 °C pendant 15 à 20 min en surveillant.

Pancake coupe-faim

Préparation : 5 min – Cuisson : 1 min
Pour 1 personne

- 1 cuillère à soupe de son de blé
- 2 cuillères à soupe de son d'avoine
- 4 cuillères à soupe de lait en poudre écrémé
- 1 œuf + 1 blanc d'œuf
- 1 cuillère à café d'arôme de vanille
- eau de fleur d'oranger
- édulcorant

Mélanger dans un bol le son de blé, le son d'avoine, le lait en poudre, l'œuf et le blanc d'œuf, l'arôme de vanille, 10 gouttes d'eau de fleur d'oranger, 1 à 2 cuillères à soupe d'édulcorant en poudre. Huiler une poêle antiadhésive à l'aide d'une goutte sur un papier absorbant. Faire cuire le pancake 30 s de chaque côté, en le retournant à l'aide d'une spatule.

Petits coussins au thé et à la menthe

Préparation : 10 min – Cuisson : 20 min
Pour 1 personne

- 2 cuillères à soupe de son d'avoine
- ½ cuillère à café de poudre de thé Macha
- 2 cuillères à café de menthe sèche finement hachée
- 4 cuillères à soupe de lait en poudre écrémé
- 1 œuf + 1 blanc d'œuf
- 1 cuillère à café de levure
- 1 cuillère à café d'édulcorant en poudre

Mixer le son d'avoine. Mélanger avec la menthe finement hachée, le thé et le lait en poudre, la levure et l'édulcorant. Ajouter l'œuf battu et le blanc d'œuf et mélanger. Mettre le tout dans deux ramequins et enfourner au four préchauffé. Faire cuire à 180 °C pendant 20 mn.

Petits gâteaux pistache-chocolat

Préparation : 10 min – Cuisson : 20 min
Pour 1 personne

- 3 cuillères à soupe de son d'avoine
- 2 cuillères à soupe de lait en poudre écrémé
- 2 œufs
- 1 cuillère à soupe de Maïzena
- 1 cuillère à café de cacao en poudre dégraissé
- ½ cuillère à café de rhum
- arôme de pistache
- levure chimique
- édulcorant en poudre
- colorant alimentaire vert

Casser les œufs et séparer les blancs des jaunes. Mélanger dans un bol le son d'avoine, le lait en poudre écrémé, les blancs d'œufs, la Maïzena, 1 cuillère à café d'arôme de pistache, 1 cuillère à café de levure, 4 gouttes de colorant vert, 3 cuillères à soupe d'édulcorant en poudre puis réserver. Huiler deux petits moules antiadhésifs à l'aide d'une goutte sur un papier absorbant. Mélanger dans un récipient les 2 jaunes d'œufs, le cacao en poudre dégraissé, 2 cuillères à soupe d'édulcorant en poudre et le rhum. Préchauffer le four à 180 °C puis remplir les moules à moitié avec l'appareil à la pistache. Ajouter délicatement le mélange au cacao au milieu des moules puis recouvrir avec le reste de l'appareil à la pistache (ne pas remplir jusqu'au bord car ça gonfle un peu). Faire cuire 20 min en surveillant vers la fin.

Porridge

Préparation : 2 min – Cuisson : 6-7 min
Pour 1 personne

- 200 ml de lait écrémé
- 3 cuillères à soupe de son d'avoine
- arôme de vanille
- édulcorant en poudre

Faire chauffer le lait écrémé avec 1 cuillère à café d'arôme de vanille dans une casserole. Ajouter le son d'avoine et mélanger jusqu'à obtenir une bouillie épaisse. Retirer du feu puis sucrer avec de l'édulcorant et consommer tiède ou froid.

Pudding à la rhubarbe

Préparation : 30 min – Cuisson : 40 min
Pour 4 personnes

Pour la pâte :
- 2 cuillères à soupe de son d'avoine
- 1 cuillère à soupe de son de blé
- 6 cuillères à soupe de lait écrémé en poudre
- 4 cuillères à soupe de fromage blanc 0 % MG
- cannelle
- 2 bonnes cuillères à café de levure
- 2 cuillères à soupe d'édulcorant

• 10 gouttes d'arôme de vanille
• 5 gouttes d'arôme de rhum blanc
• 8 gouttes d'arôme de beurre

Pour la crème :
• 300 ml de lait
• 2 gros (ou 3) jaunes
• 3 cuillères à soupe d'édulcorant

Pour le garnissage :
• 110 g de compote de rhubarbe
• 50 g de rhubarbe en morceaux (déjà cuits dans de l'édulcorant)

Préparer la pâte comme un pain de mie sucré avec les sons, la levure, les arômes vanille, rhum blanc et beurre, un peu de cannelle, le lait écrémé en poudre et le fromage blanc. Diviser en deux récipients de même taille et mettre chacun son tour 3-4 min au micro-ondes (ou les deux en même temps 5 min). Laisser refroidir un peu.
Pendant ce temps, préparer la crème : faire chauffer le lait et le verser délicatement sur les jaunes préalablement battus avec l'édulcorant, et remettre sur le feu jusqu'à obtenir la consistance d'une crème anglaise.
Prendre chaque « pain » et en faire deux tranches, en coupant dans l'épaisseur, puis les tartiner de compote et enfin les couper dans la longueur pour faire des bandes de la largeur d'un doigt.
Recouvrir le fond d'un moule à cake avec la moitié des tranches (compote vers le haut), en rajoutant quelques morceaux de rhubarbe. Verser dessus la moitié de la crème, attendre 5 à 10 min que le pain absorbe un peu de la crème puis recouvrir le tout avec le reste des tranches (compote vers le bas). Terminer par le restant de crème et saupoudrer de cannelle. Mettre au four au bain-marie à 180 °C pendant 40 min. Laisser refroidir à température.

Tarte à la cannelle

Préparation : 25 min – Cuisson : 40 min
Pour 4 personnes

- 3 œufs
- édulcorant
- 25 cl de petits-suisses 0 % MG
- 1 cuillère à soupe de cannelle en poudre
- 1 gousse de vanille
- 1 fond de pâte préparé avec la recette de la galette Dukan sucrée

Préparer la garniture : casser les œufs dans une terrine et les battre en omelette. Ajouter l'édulcorant (suivant votre goût) et fouetter jusqu'à obtenir une consistance onctueuse. Incorporer ensuite les petits-suisses et la cannelle. Fendre la gousse de vanille, gratter les petites graines et les ajouter à la préparation.
Tapisser un moule à tarte de papier de cuisson. Déposer la pâte à galette au fond du plat, et faire cuire 10 min au four à 220 °C – th. 7-8.
Verser la garniture sur le fond de tarte et enfourner pendant encore 30 min.

Remerciements

À Sylvia.

À l'âge de treize ans, ma mère me prit un jour à part et, la main sur ma tête, me dit ces quelques mots tout simples :

« Pierre, écoute-moi bien mon fils, tu es jeune, en bonne santé, plutôt intelligent, tu es né dans une famille aisée, entouré de parents qui t'aiment, tu suis des études et tu sembles réussir, tu es un beau garçon. C'est beaucoup tout cela pour une seule personne, t'en rends-tu compte ? Alors, quand tu seras grand, essaie d'en rendre un peu à ceux qui n'ont pas eu tout cela. »

Mon premier remerciement ira à celle qui m'a donné le jour, la vie et ouvert au plaisir de faire plaisir.

Parmi ceux qui ont œuvré à la réalisation de ce livre, je tiens surtout à remercier Carole dont la présence et la compétence ne sont dépassées que par sa modestie.

Merci aussi à Anna pour son soutien et sa connivence.

Merci à ma femme et mes enfants d'avoir accepté toutes ces heures d'écriture dérobées à leur affection.

Et merci à la vie d'exister !

Bienêtre

8929

Composition Nord Compo
Achevé d'imprimer en France (Malesherbes)
par Maury-Imprimeur le 27 février 2009.
Dépôt légal février 2009. EAN 9782290016343

Éditions J'ai lu
87, quai Panhard-et-Levassor, 75013 Paris
Diffusion France et étranger : Flammarion